大橋幸二 著

InDesignで作る
電子書籍
EPUB&PDF
完全ガイド

エムディエヌコーポレーション

©2011 Kouji Ohashi All rights reserved.

Adobe、InDesignはAdobe Systems Incorporatedの米国ならびに他の国における商標または登録商標です。
その他、本書に掲載した会社名、プログラム名、システム名、サービス名などは一般に各社の商標または登録商標です。本文中ではTM、®は明記していません。

本書は著作権法上の保護を受けています。著作権者、株式会社エムディエヌコーポレーションとの書面による同意なしに、本書の一部或いは全部を無断で複写・複製、転記・転載することは禁止されています。
本書は2011年3月現在の情報を元に執筆されたものです。これ以降の仕様等の変更によっては、記載された内容と事実が異なる場合があります。本書をご利用の結果生じた不都合や損害について、著作権者及び出版社はいかなる責任を負いません。

はじめに

　iPadの発売により電子書籍が一気に注目を集め、印刷業界でも動きが活発になってきました。世界規模で見ると電子書籍の動きは激しさを増すばかりですが、国内の動きは、ごく一部の企業などが電子書籍を作成しているに過ぎないのが現状でしょう。
ここにきて少しずつでがありますが、電子書籍をめぐる出版・販売の環境が整備されてきたので、印刷会社やデザイン会社からは、いつ電子書籍の制作依頼の声がかかるか、期待と不安が日ごとに大きくなってきていると思います。

　でも不安に思う必要はありません。なぜなら、これまでに培った印刷物を作成する知識や技術を十分に活かすことができるからです。もちろん、印刷物という特性とはまったく異なる"コンテンツパッケージ"を作成するので、新たな概念については勉強をしたり、経験を積むことが必要になるでしょう。また、技術的な面では、使用するファイルの形式やデータを作成する場合の注意点なども出てきます。
しかし、広い目でみれば、これまでに行ってきたことと大きな違いはありません。印刷物を作成する場合のDTP作業との違いさえ理解できれば、あとは実際にデータを作成し、できるだけ多くの経験を積んでワークフローを確立するだけです。

　これまでも、そのような積み重ねで生産性を向上してきましたし、需要が多くなるほど作業を効率化するためのツールが充実して楽にデータを作成できるようになります。もちろん、制作する上での情報やテクニックもより多く配信されるでしょう。

　本書もそのうちの1つです。印刷物の作成に慣れ親しんだInDesignで電子書籍を作成するための具体的な方法とテクニックについて、「データ作成者」の視点で解説しています。

　本書が電子書籍という新たな挑戦の一助になればと思います。

大橋幸二

contents

Part 1 電子書籍を作る前に知っておきたいこと

009

1 電子書籍の種類

誌面の表示方法は2タイプが主流	010
電子書籍の形式はアプリ型とデータ型の2種類	012
電子書籍ビューアにもいろいろある	013

2 EPUBを作るならHTMLとCSSを知ろう

EPUBの中身はXHTMLでできている	015
InDesignから書き出したEPUBは中間ファイル	017
EPUB書き出し用データを作成する場合のポイント	019
デザインやレイアウトはCSSで調整	021
EPUBを編集する方法	022

3 PDFの新しい使い方を考える

インタラクティブPDFの可能性	025
インタラクティブPDFのメリットとデメリット	026
Adobe Digital Publishing Suiteで変わる電子書籍の制作	027
Adobe Digital Publishing Suiteのオーサリング	028

Part 2 InDesignでEPUBを作る

1 EPUB作成のワークフローとポイント
- 紙媒体のデザインのような自由度はない　032
- 作成したEPUBは表示確認が必要　035
- InDesignでレイアウトを作成する場合の注意点　037

2 ドキュメントの作成
- 原稿の整理と構造化を考える　041
- HTML変換されることを考えて作成　044
- 新規ドキュメントの作成　046
- 段落スタイルの登録　048
- テキストの配置　050
- 既存のドキュメントをEPUBにする場合のハードル　053

3 画像の配置と品質
- 配置できるファイル形式　055
- 画像解像度はどの程度に設定するべきか　057
- 画像はインライングラフィックで配置するのが基本　060
- 画像を横に並べてレイアウトする方法　062
- テキストの横に画像を配置する方法　064
- 動画の配置　067
- 画像を異なる形式に貼り替える方法　070

4 EPUBの書き出しとソースの修正
- 目次の作成　072
- EPUBの書き出し　074
- Sigilを使ったEPUBの修正と編集　076
- テキストエディタなどを使ったEPUBの修正と編集　080

Part 3 InDesignでインタラクティブPDFを作る

083

1 マルチメディアコンテンツとしてのPDF

- 通常のPDFとの違い　084
- インタラクティブPDFを作成する場合の注意点　085

2 ドキュメントの作成

- 新規ドキュメントの作成　086
- マスターページの作成とレイアウトの作成　088
- アニメーションの設定　090
- スライドショーの作成　094
- 動画を再生するタイミングの設定　098
- ページ効果の設定　100
- ハイパーリンクの設定　102

3 インタラクティブPDFを書き出す

- インタラクティブPDFを書き出す準備　104
- インタラクティブPDFの書き出し　106

4 静的なPDFの書き出し方

- プリント用PDFとインタラクティブPDFの違い　108
- 静的なPDFを作成する場合の注意点　110
- ファイル容量を抑えた静的なPDFを書き出す　112

Part 4 Adobe Digital Publishing Suiteによる電子書籍作成　115

1 Adobe Digital Publishing Suiteの基礎

- Adobe Digital Publishing Suiteを使う場合の注意　116
- Adobe Digital Publishing Suiteの入手とインストール　117
- ドキュメント作成の基本　120

2 実際に作成する

- Interactive Overlay Creatorを使ったインタラクティブ表現　124
- Content Viewerの入手とインストール　137
- Issueファイルの転送と表示確認　138

Part 5 本書ができるまで　141

1 作成方法を検討する

- ワークフローの概略　142
- 原稿の作成　143
- デザインデータの作成　145
- データ作成方法の再検討　148

2 実際に作成する

- 印刷用レイアウトの作成　153
- EPUB用レイアウトの作成　160

Appendix

InDesignが持つ機能とHTMLタグの対応

EPUBに関する情報源

Index

Part 1

電子書籍を
作る前に
知っておきたいこと

1　電子書籍の種類

誌面の表示方法は2タイプが主流

このPartでは、電子書籍に関する現状の概略と、電子書籍を作成する上で知っておきたい基礎知識について解説します。

見せ方の違い

インターネット上にある電子書籍の販売サイトやiTunes Storeなどから電子書籍を入手して閲覧してみると、誌面の表示方法（見せ方）に2つのタイプがあることに気が付きます。

1つは、表示されている文字の書体、サイズ、行送り、色などを自由に変更でき、文字サイズや行送りなどを変更した場合は、それに合わせて全体のページ数も変更されるタイプです。これは、小説などのようにテキストが中心の電子書籍に多く、リフロー式やリキッドレイアウトなどと呼ばれています。

もう1つの方法は、文字サイズなどは変更できませんが、誌面の一部を拡大表示して閲覧できるタイプです。これは、InDesignでドキュメントを作成する場合や、PCでPDFを閲覧する場合に見たい部分を拡大表示やスクロールするのと同じといえます。

このタイプの電子書籍は、雑誌やカタログなどのように「魅せる」ための凝ったレイアウトのドキュメントに多く見られるタイプです。また、誌面に動画やスライドショーが埋め込まれているなど、「閲覧する楽しみ」の要素が加えられているものが多く、電子書籍ならではの特徴を活かした代表例ともいえるでしょう。

メリットとデメリット

前者の表示タイプは、閲覧する人の好みに合わせて文字サイズなどを変更できるメリットがありますが、その特性から凝ったレイアウトをすることができないというデメリットがあります。後者の表示タイプは、レイアウトを固定して凝ったデザインにできるメリットがありますが、文字サイズを変更できないため、拡大表示をして文章を読む場合はスクロールが必要になるデメリットがあります。

どちらの表示方法もメリットとデメリットがありますが、ドキュメントの性質に合わせた最適な表示方法で作成されているともいえます。また、ほとんど見かけませんが、両者のメリットを活かした表示方法を実現する技術もあるので、今後はそれらの技術を使った電子書籍も増えてくる可能性があります。

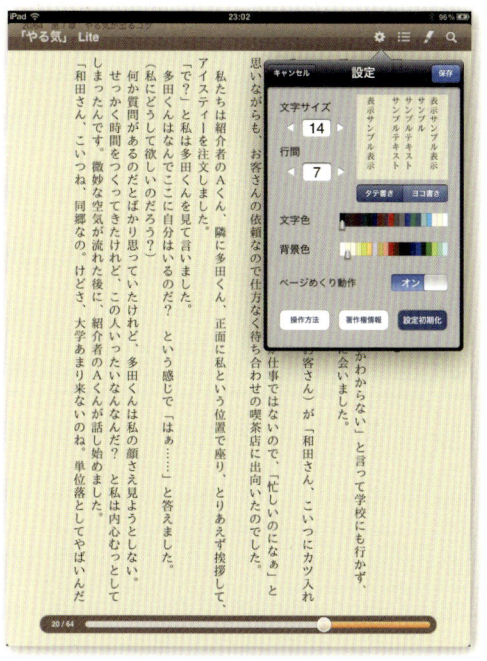

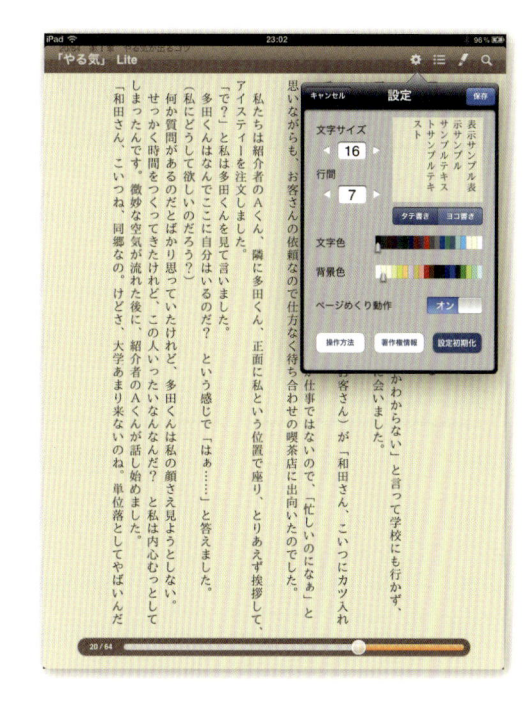

テキストサイズを変更できる電子書籍
(『「やる気」が出るコツ、続くコツ【Lite】』和田裕美著・ダイヤモンド社)

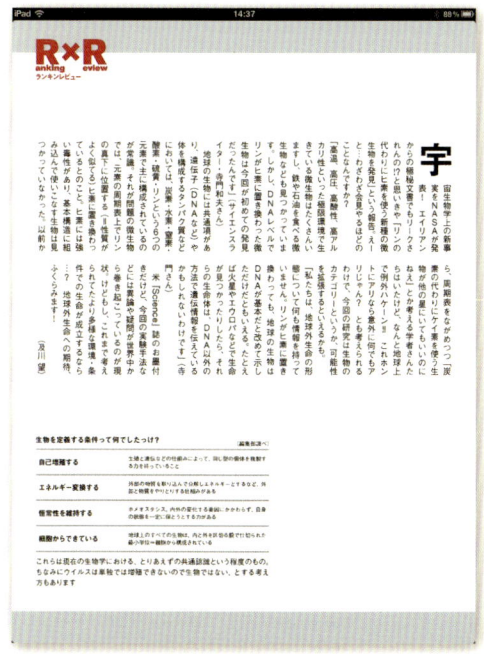

誌面の一部分を拡大表示できる電子書籍
(『R25 for iPad』リクルート)

Part 1 電子書籍を作る前に知っておきたいこと

1 電子書籍の種類

InDesignで作る電子書籍 EPUB&PDF完全ガイド

011

1　電子書籍の種類

電子書籍の形式は
アプリ型とデータ型の2種類

　電子書籍を表示方法で分類すると主流のものには2タイプあることがわかりました。では、データ形式で分類してみるとどのようになっているのでしょうか。

　それは、別途用意したビューアを使って閲覧するデータ（コンテンツ）だけのものと、ビューアとコンテンツが一体となったアプリになっている2つのタイプがあります。

　前者のデータ型は、ファイル形式を扱えるビューアであれば、自分の好みのビューアを使って閲覧できるメリットがありますが、電子書籍のファイル形式とビューアが表示できるファイル形式を把握しておく必要があります。また、ビューアにはハードウェアのものとソフトウェアのものがあり、電子書籍のファイル形式によって閲覧するビューアを変更したり、複数のビューアを用意しておく必要があるなどのデメリットがあります。

　後者のコンテンツとビューアが一体となったアプリ型は、別途ビューアをインストールする必要はないというメリットがありますが、そのアプリが動作する環境でしか閲覧できないというデメリットがあります。

　また、電子書籍を制作するという視点で考えると、ビューアの操作感が電子書籍の閲覧のしやすさにも影響するため、コンテンツを加工するだけでなく、ビューアソフトの開発力も必要になってきます。そのため、既存のビューアに合わせたコンテンツデータを作成するよりもハードルが高くなります。

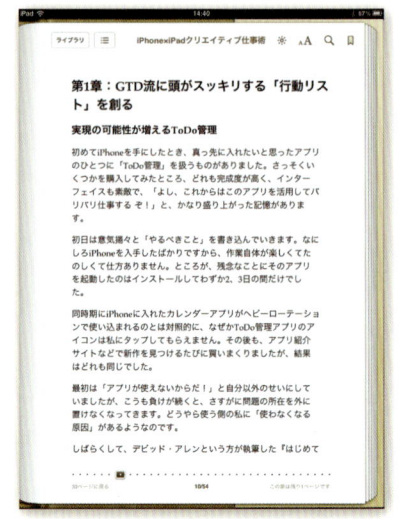

既存のビューアで閲覧するデータ型の電子書籍
（『iPhone×iPadクリエイティブ仕事術』倉園佳三著・インプレスジャパン）

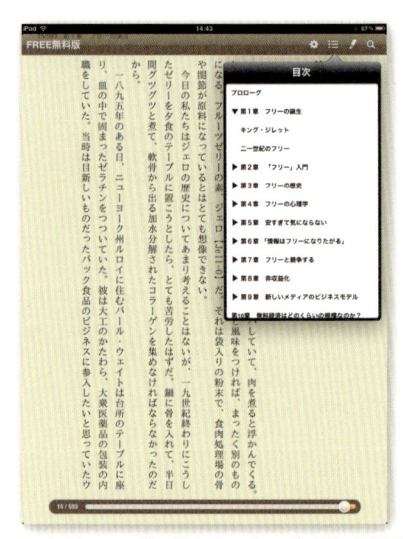

コンテンツとビューアが一体となったアプリ型の電子書籍
（『FREE無料版』クリス・アンダーソン著・NHK出版）

電子書籍ビューアにも
いろいろある

コンテンツデータと販売サイトが連動しているビューア

「ebiReaderHD」とコンテンツ販売サイト「ebookJapan」　　「Voyager Books」と「VOYAGER STORE」

　では、いま流通している電子書籍のファイル形式やビューアはどのようになっているのでしょうか。

　専用ハードウェア（リーダーデバイス）の代表といえば、Amazone Kindle と Sony Reader でしたが、GALAPAGOS の登場により専用端末の選択肢はより多くなったといえます。なお、各ハードウェアは独自のファイル形式のほかに複数のファイル形式をサポートしている製品がほとんどです。

　iPadをはじめとする汎用端末やiPhoneなどのスマートフォンは、iTunes Store内の App Store のように、インターネットなどを使って好みのビューアを入手してインストールするか、初めからビューアが搭載されています。

　それらのビューアは複数のファイル形式に対応した汎用ビューアで、EPUB と PDF を中心に、ビューアによって対応が異なってきます。

　なお、日本国内で流通されている電子書籍の多くは、最近の電子書籍ブーム以前から日本国内で発展してきたファイル形式のものが多く、コンテンツデータを販売するサイトと連動したビューアアプリを無償で提供しているケースが大半です。それらのビューアはPC、汎用デバイス、スマートフォン用のものが用意されていて、どの環境でも閲覧できるようになっていたりします。

　国内で流通している電子書籍の代表的なファイル形式は「XMDF」と「.book」が大半で、これらの他に「EPUB」や「PDF」で作成されているものがあります。

Part 1　電子書籍を作る前に知っておきたいこと

1　電子書籍の種類

どのフォーマットにするかを念頭に

要するに、データ型の電子書籍(コンテンツデータ)を作成する場合は、XMDF、.book、EPUB、PDFの4種類を念頭に置いておく必要があるということになります。また、ビューアとコンテンツが一体となっているアプリ型の電子書籍を作成する場合は、ビューア部分の仕様によってコンテンツデータの作り方も変わってくることになります。なお、日本ではアップルのiBookstoreが展開されていないため、iTunes Storeで電子書籍を販売する場合は、アプリ型の電子書籍にしてApp Storeで販売することになります。

閲覧環境		対応フォーマット
専用端末	Kindle	AZW、PDF unprotected MOBI、TXTなど
	SONY Reader	EPUB、PDF、BBeB、Book、TXT、RTF
	GALAPAGOS	次世代XMDF、XMDF
汎用端末/スマートフォン	iPad	EPUB、PDF(iBooks)、その他(リーダーアプリによる)
	iPhone	
	GALAXY Tab	EPUB(ブック)、その他(リーダーアプリによる)
	GALAXY S	リーダーアプリによる
	HTC Desire	リーダーアプリによる
PC用EPUBリーダー	Adobe Digital Editions	EPUB、PDF
	Firefox+EPUBReader	EPUB
	Stanza Desktop	EPUB、PDF、AZW(DRMなし)、TXT、RTF、DOCなど

Adobe Digital Editionsの入手先
　　http://www.adobe.com/jp/products/digitaleditions/
Firefoxの入手先
　　http://mozilla.jp/firefox/
EPUBReaderの入手先
　　http://www.epubread.com/
Stanza Desktopの入手先
　　http://www.lexcycle.com/

2 EPUBを作るならHTMLとCSSを知ろう

EPUBの中身は XHTMLでできている

EPUBとは

　そもそも、EPUBとはどういうファイルなのでしょうか。それは、XHTMLとCSSおよび画像で作成されたコンテンツデータとXMLなどで記述した目次など関連データをzip形式で圧縮したファイルです。EPUBファイルの拡張子は「.epub」になっていますが、「.zip」に変更することで、ファイルを解凍して内包されているファイルを確認できます。

　EPUBはIDPF（International Digital Publishing Forum）が推進している電子書籍のフォーマットで、現行（2011年1月現在）のEPUB 2.0ではコンテンツ部分をXHTML1.1とCSS 2.0を使って作成する仕様となっています。

HTMLとCSSを 理解しておく

　このように書くと難しく考えてしまいがちですが、重要なことはEPUBのコンテンツ部分は

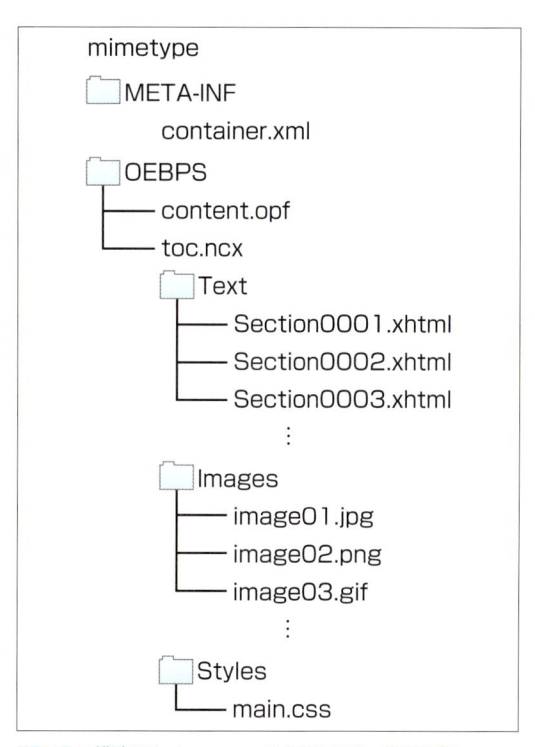

ファイルの拡張子を「.zip」に変更して解凍した状態

EPUBの構造図（mimetype、META-INF、OEBPS）

XHTMLとCSSで作成されているということです。そして、EPUBを思い通りのデザインで作成するためには、HTMLとCSSについての理解が必要になるということです。

では、どのレベルまでの知識が必要になるのかというと、HTMLとCSSを見て何が書かれているのかを理解できる必要があります。とくに、CSSは文字の大きさやレイアウトなどを指定する重要な要素なので、CSSを理解できないと思い通りにデザインすることができないと考えた方がよいでしょう。

Webサイトを構築したことがあれば、その知識を活かしてEPUBを作成することができます。Webとの違いは、EPUBを閲覧するビューアによって表示できる範囲が異なるという程度で、そ れ以外は基本的に大きな違いはないと考えてよいでしょう。

EPUB 3.0

なお、EPUB 2.0では縦組みをサポートしていないなど、日本語組版の需要として多くの問題があります。しかし、次期バージョンのEPUB 3.0（2011年5月発表予定）ではHTML5とCSS3の一部もサポートされて縦組みやルビを使ったEPUBの作成が可能になるようです。また、JavaScriptのサポートが確定してビューアも対応をすれば、よりリッチなコンテンツの作成が可能になります。

EPUBはまだまだ進化を続けている途中なので、今後の動向に注目しておきましょう。

EPUBのコンテンツ部分はXTMLとCSSによってできている

InDesignから書き出した
EPUBは中間ファイル

InDesignで書き出す

　EPUBを作成する方法はいくつかあり、その1つがInDesignで作成する方法です。InDesignはCS3からEPUB書き出しをサポートしていますが、InDesignを使ってEPUBを作成するのであれば、最新のCS5を使うのがよいでしょう。

　InDesignで作成したドキュメントをEPUBに書き出すには、［ファイル］メニュー→［書き出し］→［EPUB］を選択して、書き出しに関する設定をする作成できます。

　ただし、EPUBで書き出すためには、良好な結果を得られるように作成することが必要になります。また、InDesignから書き出しただけでは十分ではないので、書き出したEPUBに内包されているHTMLとCSSを修正しなければなりません。

　InDesignで作成したデータは、あくまでもEPUBを書き出すための中間ファイルであり、最終的なデザインやレイアウトなどの見栄えの調整は、EPUBエディタなどを使って行う必要があります。InDesignはあくまでもコンテンツ部分のHTMLと付随する関連データを自動で書き出すために使う程度に考えておく必要があります。

```
1  <?xml version="1.0" encoding="utf-8"?>
2  <!DOCTYPE html PUBLIC "-//W3C//DTD XHTML 1.1//EN" "http://www.w3.org/TR/xhtml11/
3  DTD/xhtml11.dtd">
4  <html xmlns="http://www.w3.org/1999/xhtml">
5      <head>
6          <title>EPUB_Sample.xhtml</title>
7          <link href="template.css" rel="stylesheet" type="text/css"/>
8      </head>
9  <body>
10     <div id="epub-sample">
11         <div class="generated-style">
12             <p class="h2-sub" xml:lang="ja">特集1</p>
13             <h2 class="h2" xml:lang="ja" id="toc-anchor">両国の史跡を訪ねる</h2>
14             <p class="p" xml:lang="ja">2011年7月の地デジ化に向け、建設が進む東京スカイツ
15  リー。完成前から、早くも新たな観光スポットとして脚光を浴びているが、せっかく訪れるなら、建設地であ
16  る東京都墨田区の隠れた名所にも足を運んでみよう。</p>
17             <p class="p" xml:lang="ja"><span class="generated-style"><img class="generated-
18  style" src="images/special_02_fmt.jpeg" alt="special_02.psd"/></span></p>
19             <p class="h3" xml:lang="ja">スカイツリー下の良スポット</p>
20             <p class="p" xml:lang="ja">東京スカイツリー建設で一躍、注目の集まる東京都墨田区周
21  辺。今月の本誌ではちょっと趣向を変えて、JR両国駅周辺の史跡めぐりにスポットを当ててみたい。スカ
22  イツリー観光のあとに少し足を伸ばして、のんびり下町の歴史に思いを馳せてみてはいかがだろう。</p>
23             <p class="p" xml:lang="ja">歩き疲れたら隅田川を臨みながら水上バスに乗るもよし、帰り
24  が遅くなったらちゃんこで温まることもできる。お土産には創業100年を超える銘菓や工芸品なども数多く
25  そろう。まさに灯台下暗しならぬ"スカイツリー下暗し"の良スポットである。</p>
```

InDesignから書き出した
EPUB内のHTML

InDesignの[Digital Editions 書き出しオプション]ダイアログ

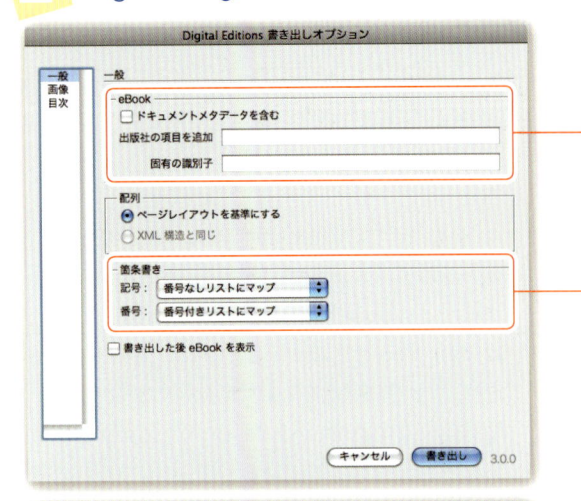

書き出すEPUBの出版社情報や雑誌名などのメタ情報を設定する

[箇条書き]を設定したテキスト(リスト項目)をどのように書き出すかを設定する。「番号なしリストにマップ」に設定するとulタグ、「番号付きリストにマップ」に設定するとolタグでリスト項目が囲まれて書き出される

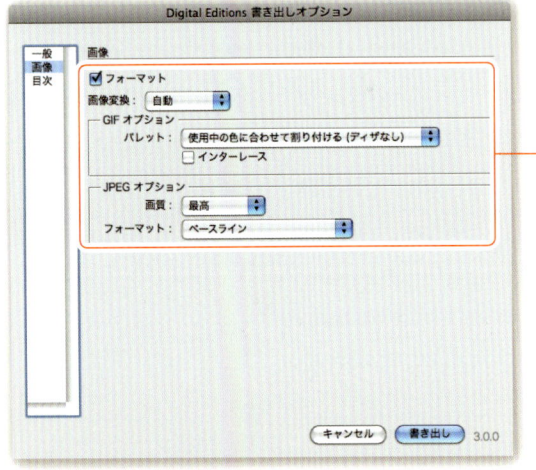

ドキュメントに貼り込んだ画像をリサイズして書き出す場合は[フォーマット]をチェックして[画像変換]で書き出すファイル形式、[GIFオプション]と[JPEGオプション]で画像の品質を設定する

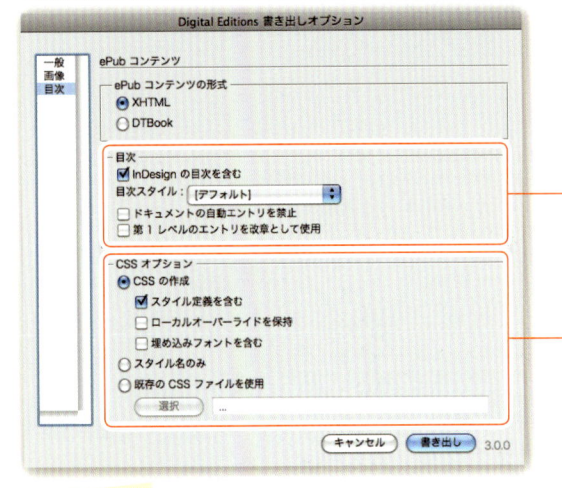

目次機能を使って作成した目次からEPUBの目次を作成する場合に[InDesignの目次を含む]をチェックする。目次の作成とこの項目の設定は必須

ドキュメントに登録したスタイルからCSSを作成する場合は[スタイル定義を含む]をチェックする。また、フォントの使用許諾に違反しないように、[埋め込みフォントを含む]は基本的にチェックを外す

EPUB書き出し用データを作成する場合のポイント

InDesignでEPUB書き出し用のドキュメントを作成する場合は、以下のことに注意しましょう。

- すべてのテキストに段落スタイルを適用する
- 画像はインライングラフィックにする
- 必ず目次を作成する
- InDesignドキュメントはあくまでも中間データ

段落スタイル

すべてのテキストに段落スタイルを適用するためには、見出しや本文などの扱い方(原稿パターン)が統一されている必要があります。

例えば、小説やビジネス書などのように、見出しと本文が明確な原稿であれば容易に段落スタイルを適用できます。しかし、雑誌などのように企画内容によって見出しやリードの有無やあつかい方が異なっていると、企画内容ごとに段落スタイルを必要としてしまう可能性があります。そのような原稿パターンに統一性がない場合は、事前に原稿パターンを統一して原稿を構造化しておく必要があります。構造化とは、簡単にいうと章・節・項の見出し、本文などを明確にして原稿をパターン化することです。

インライングラフィック

画像を普通に配置してEPUBに書き出すと、レイアウトとは異なり文章の後に画像が表示されてしまいます。これは、テキストフレームに回り込みを設定した画像を重ねた場合、または連結したテキストフレームとテキストフレームの間に画像を配置して場合で同様の結果になります。これを回避して意図した位置に画像を表示させるには、画像をインライングラフィックにしてEPUBに書き出す必要があります。

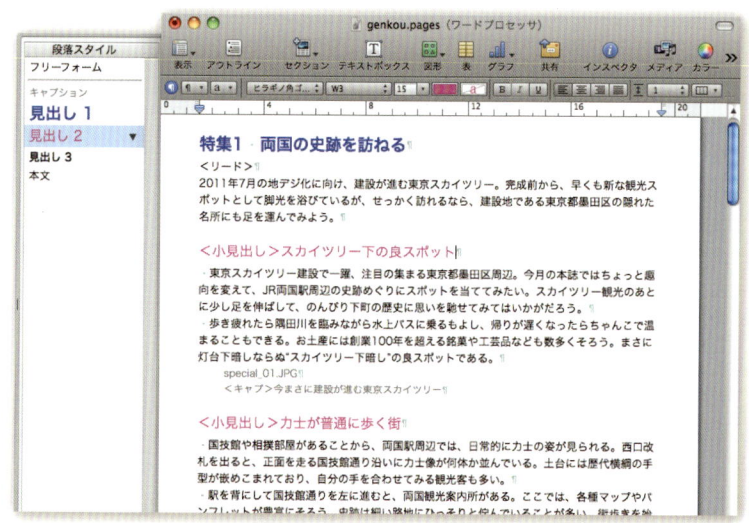

構造化された原稿。HTMLのタグを設定しやすい

目次を作成

詳細は後述しますが、必ず目次を作成する必要があるのは、EPUBの目次を作成するだけでなく、見出し用のタグに不要なclass名を含ませないためで、必須の作業となっています。

このように、InDesignでEPUB書き出し用のデータを作成する場合は、書き出されるHTMLの状態を考慮してレイアウトを作成しましょう。

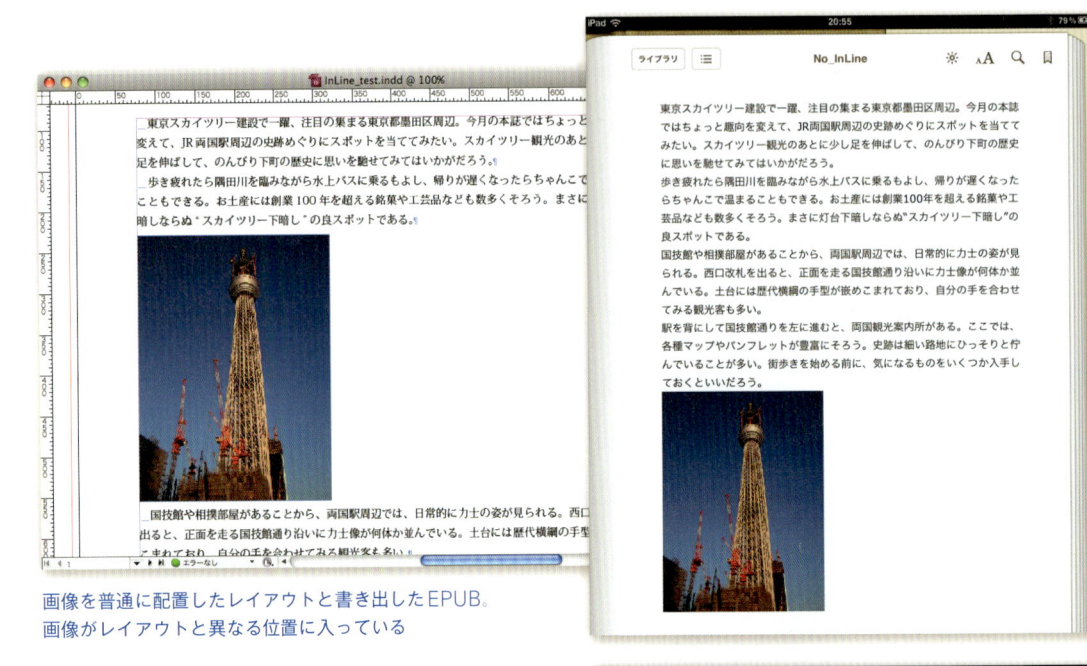

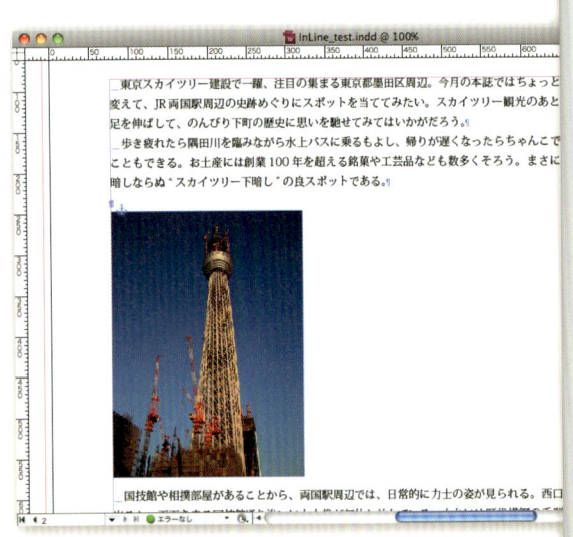

画像を普通に配置したレイアウトと書き出したEPUB。
画像がレイアウトと異なる位置に入っている

画像をインライングラフィックで配置したレイアウとEPUB。
意図した位置に画像が入っている

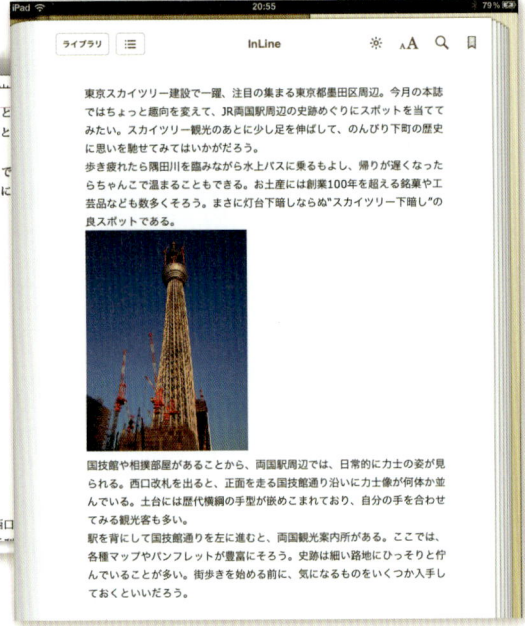

デザインやレイアウトはCSSで調整

　作成したドキュメントをEPUBに書き出してみるとわかりますが、テキストに設定した文字サイズ、行送り、段落前／後のアキ、カラーなどは、EPUBを書き出すときにCSSに設定を継承して書き出すことができます。

　しかし、段落境界線や文字揃えなどは無視されて書き出されるので、EPUBを書き出したあとで修正が必要になります。また、配置した画像の位置や大きさの調整も必要です。

　画像はEPUBを書き出すときに自動でレイアウトの大きさにリサイズをして書き出すことができますが、ビューアの機能を使って画像を拡大表示できるようにする場合は、画像をリサイズしないか差し替えるなどの処理が必要になってきます。

InDesignのレイアウト

書き出したEPUB。段落境界線などは継承されない

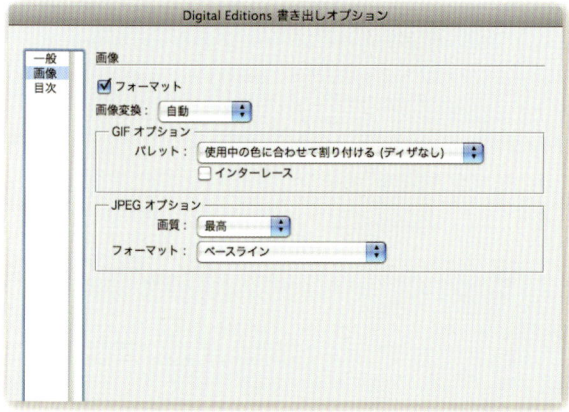

［Digital Editions書き出しオプション］ダイアログの画像の書き出し設定

EPUBを編集する方法

2つの方法

書き出したEPUBを編集するには2つの方法があります。1つはEPUBエディタで書き出したEPUBを開いて編集する方法、もう1つは書き出したEPUBの拡張子を「.zip」に変更して解凍してからXHTMLおよびCSSを編集する方法です。

EPUBエディタ

EPUBエディタは選択肢がほとんどなく、現状ではドネーションウェアの「Sigil」か、市販品の「FUSEe」(Windows版のみ)になります。もっとも広く使われているのはSigilで、Mac OS Xで利用できるEPUBエディタはSigilのみとなっています。

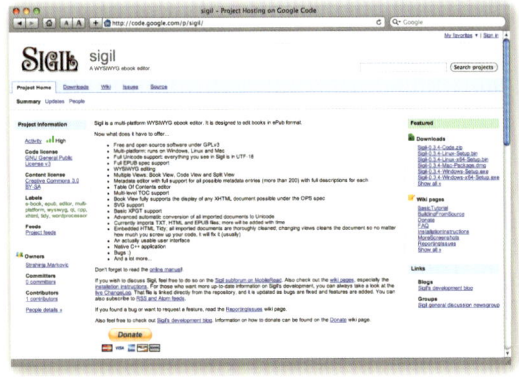

Web編集アプリケーション

EPUBエディタを使うとEPUBに内包されているXHTMLやCSSを編集したり、XHTMLを複数に分割するといった作業を簡単に行えるメリットがあります。しかし、XHTMLを大幅に修正するような場合は、EPUBを解凍して別のツールを使って編集した方が作業性が良いことがあります。

EPUBを解凍して編集する場合は、zip形式を解凍できる一般的な圧縮・解凍ソフトで解凍すれば、DreamweaverなどのWeb編集アプリケーションやテキストエディタなどで編集することができます。

ただし、編集したファイルをzip形式に再圧縮するときは、そのまま圧縮して拡張子を「.epub」に変更してもビューアで認識することができないので注意が必要になります。

「Sigil」の入手先　http://code.google.com/p/sigil/

「FUSEe」の製品サイト　http://fusee.fusenetwork.co.jp/

EPUBの関連ファイルを圧縮する場合は「mimetype」を圧縮しないでzip形式にします。
　Mac OS Xで「mimetype」を圧縮しないでzip形式にするもっとも確実な方法は、「ターミナル」を使って以下のように入力します。
※「ターミナル」は［アプリケーション］フォルダの中の「ユーティリティ」フォルダの中にあります。

1 関連ファイルがあるフォルダに移動

cd［関連ファイルが入っているフォルダのパス］（return）
cdはディレクトリを移動するコマンドです。コマンドのうしろに半角スペースを入力して移動先のディレクトリのパスを入力します。関連ファイルが入ったフォルダのパスを入力する場合、ターミナルのウィンドウに関連ファイルが入ったフォルダをドラッグ＆ドロップすると自動で入力できます。

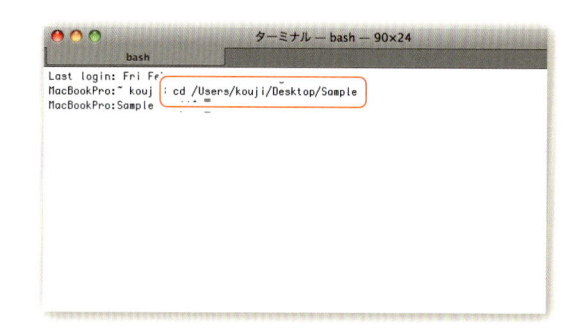

2 圧縮しないでmimetypeをepubに追加

zip -0 /Users/［ユーザ名］/Desktop/Sample.epub mimetype（return）
上記の入力例は、「mimetype」を圧縮率0でzip圧縮をして「ユーザのデスクトップ」に「Sample.epub」というファイル名で保存するという意味です。必要に応じて保存先とファイル名(/Users/［ユーザ名］/Desktop/Sample.epub)部分を書き替えて入力してください。

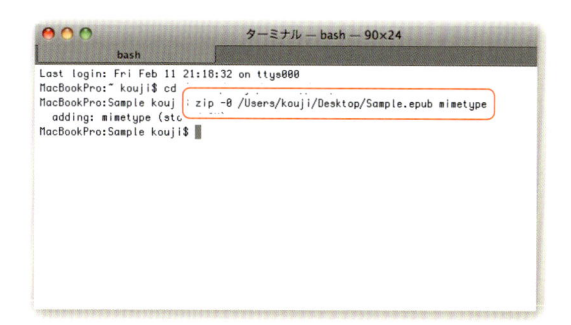

3 mimetype以外を圧縮してepubに追加

zip -r /Users/［ユーザ名］/Desktop/Sample.epub * -x mimetype（return）
上記の入力例は、mimetype以外をデスクトップのSample.epubにzip圧縮するという意味です。

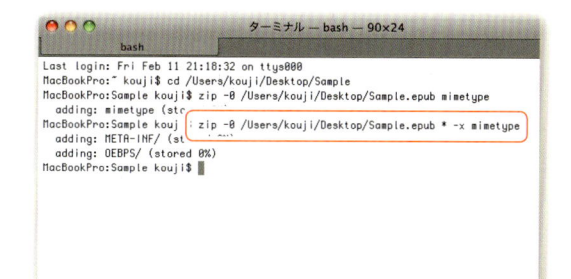

InDesignで作る電子書籍EPUB&PFD完全ガイド

なお、圧縮ユーティリティの「CleanArchiver」を使うと、関連ファイルをアイコンにドラッグするだけでビューアで閲覧できるようにzip圧縮できます。また、圧縮ユーティリティによっては、環境設定を変更して圧縮しないでzip化できるものもあります。

CleanArchiverの入手先　http://www.sopht.jp/

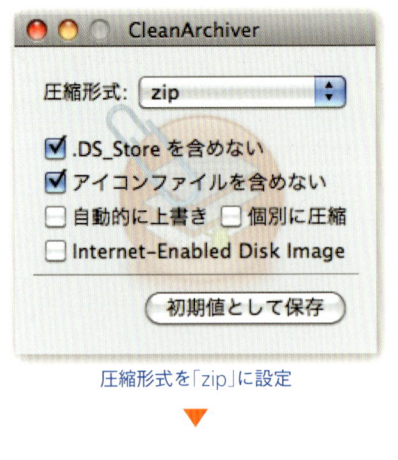

圧縮形式を「zip」に設定

▼

関連ファイルをアイコンにドラッグ＆ドロップ

▼

［保存］ダイアログが表示されたらファイル名と保存先を設定して「保存」をクリック

3　PDFの新しい使い方を考える

インタラクティブPDFの可能性

PDFならではの訴求力

　作成したドキュメントを広く配布する場合、PDFで保存してWebサイトからダウンロードできるようにしたり、CD-ROMに保存して配布することが多くなりました。

　それらのPDFの多くは、印刷用に作成したデータをPDFに変換したり、最初からWebサイトなどでの配布を目的とした場合でも、プリンタで出力することを視野にいれた"動き"がない静的なドキュメントとして作成することがほとんどです。

　しかし、InDesign CS5が持つ機能を活用すると、動画やスライドショーを埋め込んだり、ページを切り替えるときのトラジション（アニメーション）を設定して、よりリッチな表現力を持つインタラクティブPDFを作成することができます。

　例えば、静止画やイラストでは説明しにくい動作などを動画で説明したり、クローズアップしたい部分をスライドショーにすることで、限られたスペースの中により多くの情報を掲載することが可能になります。

　また、"動き"を加えることで、印刷物にはできない新たなデザイン表現を加えて訴求力を高めることができます。要するに、インタラクティブPDFは、電子書籍や電子雑誌に求められる"新たなユーザ体験"を実現することが可能ということです。

InDesign CS5の［書き出し］ダイアログ。「Adobe PDF（インタラクティブ）」と「Adobe PDF（プリント）」の2種類のPDFをサポートしている

インタラクティブPDFに埋め込んだ動画を再生しているところ

インタラクティブPDFの
メリットとデメリット

インタラクティブPDFによるリッチコンテンツの作成方法は、従来の印刷物やPDF用データの作成方法と大きな違いはありません。

それらの基本的な知識があれば、新たに加わるアニメーションや動画、スライドショーの設定方法を覚えるだけでインタラクティブPDFを作成できます。InDesignでEPUB書き出し用のレイアウトデータを作成するよりも敷居は低いといえるでしょう。また、印刷物用に作成したデータを流用してインタラクティブPDFを作成しやすいのもメリットといえます。

インタラクティブPDFは新たな可能性やさまざまなメリットがありますが、電子書籍と比較すると認知度が低いことや、閲覧環境がAdobe Reader 9.x以上に限られるというデメリットがあります。

しかし、環境への配慮によるペーパーレスの流れは年々強くなっていますし、電子書籍の普及にともなうリッチコンテンツの需要は、より多くなることが予測されます。とくに、スマートフォンやiPadなどのデバイスとPCの異なる環境で同じコンテンツを閲覧したいという需要は無視することはできなくなります。そのとき、インタラクティブPDFが需要を満たすためのフォーマットとなる可能性はかなり高いといえるでしょう。

また、次に紹介する次世代の電子書籍の製作環境「Adobe Digital Publishing Suite」によるドキュメント制作のワークフローと共通する部分が多いことも大きなポイントとなります。

インタラクティブPDFのメリットとデメリット

メリット

EPUBよりもデザインやレイアウトの自由度が高い

簡単にリッチコンテンツを作成できる

印刷用データを作成する場合の知識を活かせる

紙媒体用のデータ流用が容易

デメリット

現状では閲覧環境が限定される

ほとんど普及していない

4 次世代の電子書籍制作環境

Adobe Digital Publishing Suiteで変わる電子書籍の制作

Part 1 電子書籍を作る前に知っておきたいこと

　固定レイアウトで動画やスライドショーなどを埋め込んだリッチコンテンツを作るのは、プログラミングを必要とするため現状のソリューションでは敷居が高くなっています。

　しかし、次世代の電子書籍作成ソリューションの「Adobe Digital Publishing Suite」を使うと、そのようなリッチコンテンツも容易に作成できるようになります。

　Adobe Digital Publishing Suiteはまだベータ版ですが、2011年の第二四半期には販売開始が予定されています。また、それに先駆けてベータ版を使って作成された多数の電子書籍がすでに入手できるようになっています。

Adobe Digital Publishing Suiteによる作成

　Adobe Digital Publishing Suiteでリッチコンテンツの電子書籍を作成するには、InDesign CS5に搭載されている機能を使って動画やアニメーション、スライドショーなどを含むドキュメントを作成します。そして、そのドキュメントを少しアレンジして出力すれば、リッチコンテンツの電子書籍を簡単に作成することができます。

　注目したいのは、InDesign CS5が持つ機能を使って動画などを含むドキュメントを作成するという点です。これらの作業は、インタラクティブPDFを作成する方法と共通する部分が多く、出力先に合わせたアレンジを加えることで電子書籍にもインタラクティブPDFにも出力できるという点です。

　要するに、動画やアニメーション、スライドショーの設定方法さえ理解すれば、電子書籍やイン タラクティブPDFを作成できるようになるということです。

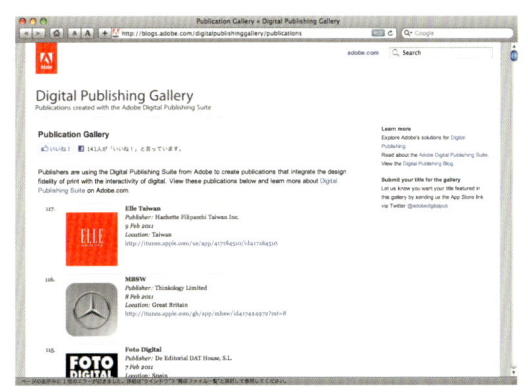

・Digital Publishing Gallery（Adobe）
http://blogs.adobe.com/digitalpublishinggallery/publications

レイアウト作成
▼
アニメーションなどの設定
▼
Overlay CreatorでSWF作成
▼
書き出したSWFに貼り替え
▼
Content Bundlerでissueファイル書き出し
▼
Adobe Content Viewerに転送

リッチコンテンツ制作のワークフロー

4 次世代の電子書籍制作環境

InDesignで作る電子書籍EPUB&PDF完全ガイド

027

Adobe Digital Publishing Suiteのオーサリング

　Adobe Digital Publishing Suiteのベータ版は、Adobe IDのアカウントを持っていれば誰でもベータ版を入手して試用することができます。

　Adobe Digital Publishing Suiteは、InDesign用のプラグイン、動画などを追加するためのユーティリティ「Adobe Interactive Overlay Creator」、作成したドキュメントから電子書籍データを作成する「Adobe Digital Content Bundler」で構成されています。

　また、Adobe Digital Publishing Suiteで作成した電子書籍は、現在はiPadでの閲覧のみとなっています。iPadで作成した電子書籍を閲覧するには、無料で入手できる専用のビューア「Adobe Content Viewer」をインストールし、iTunes経由でAdobe Content Viewerに作成した電子書籍データをインストールします。

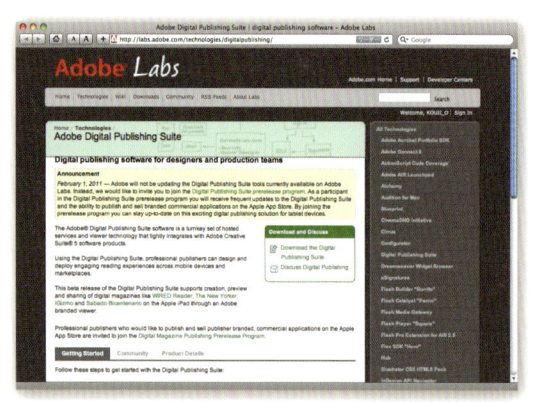

Adobe Digital Publishing Suiteの入手先（Adobe Labs（英語））
http://labs.adobe.com/technologies/digitalpublishing/

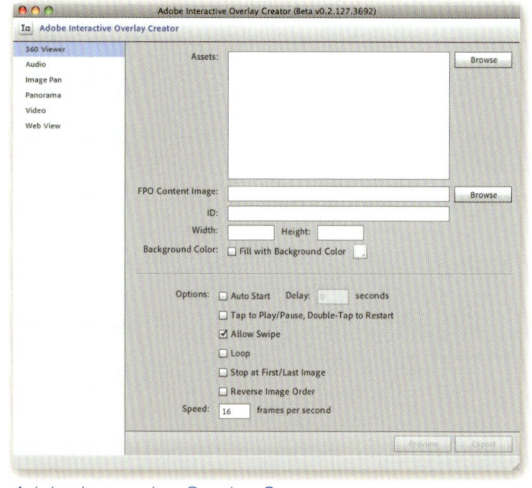

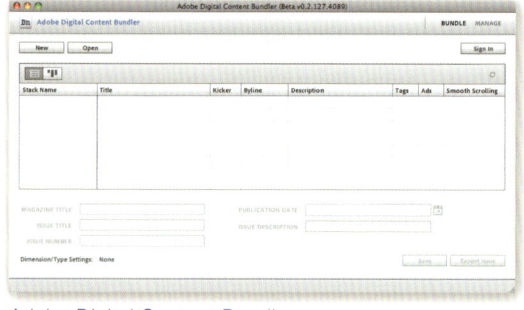

Adobe Interactive Overlay Creator

Adobe Content Viewer

Adobe Digital Content Bundler

さまざまな"動き"が可能

　Adobe Digital Publishing Suiteでレイアウトを作成する場合、縦表示用と横表示用のレイアウトを作成することで、iPadの向きに合わせて自動で表示するレイアウトを変更することができます。また、InDesignの機能では設定できない、複数の画像から360°ビューを作成したり、トリミングされた画像をスクロールして隠れている部分を表示できるパン画像を設定できるなど、新たな可能性を期待できます。

　現状のベータ版でレイアウトを作成する場合、ファイル名やフォルダ名の付け方、ファイルのフォルダ分けなどに厳格なルールがあります。そのため、必ずしも使い勝手がよいとはいえません。しかし、現在はまだベータであり、製品版では機能の追加や使いやすさが向上することを考えると、かなり魅力的な電子書籍の製作環境といえます。

　Adobe Digital Publishing Suiteを使った電子書籍作成の需要は、EPUBの作成と同等かそれ以上になると予測できるので、今後の動向を注視しておくとよいでしょう。

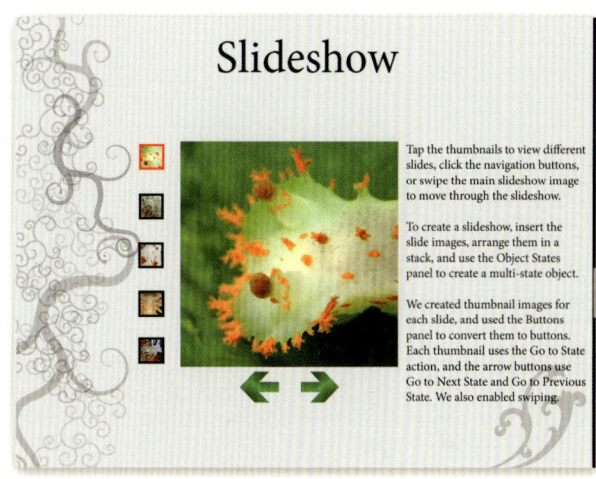

Adobe Labsで配布されているサンプルから書き出した「.issue」ファイル。縦と横で別のレイアウトを表示できる

4　次世代の電子書籍制作環境

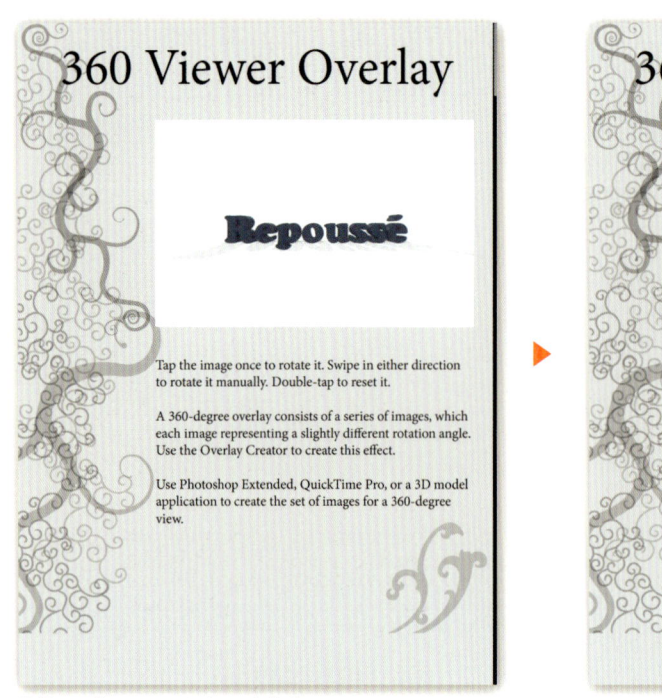

複数の画像から360°ビューを作成できる

サンプルのパン画像。画像をスクロールしてトリミングされて見えない部分を表示できる

Part 2

InDesignでEPUBを作る

1 EPUB作成のワークフローとポイント

紙媒体のデザインのような自由度はない

このPartでは、InDesignでEPUB書き出し用のレイアウトを作成する場合に必要な基礎知識と、主に使用する機能の基本的な操作方法について解説します。

大きさが固定ではない

EPUBのデザインを作成する場合、印刷物のデザインともっとも違う点は、レイアウトをする領域(印刷物では版面)の大きさが固定ではなく、デバイスの向きや文字サイズの設定によって大きさが変化するという点です。

iPadなどのデバイスの向きを縦から横に変更した場合、ビューアによってはレイアウトが片面表示から見開き表示になり、テキストや画像が表示される領域の大きさが変化します。

そのため、画像やデザインパーツなどの大きさをピクセルによる固定値で指定してしまうと、表示領域からはみ出して表示されたり、レイアウトの見栄えが悪くなってしまうことがあります。

そのようなことを回避するためには、画像などの大きさを表示領域に対する相対値で指定する必要があります。

デザインパーツを絶対値で指定したレイアウト

デバイスの向きを変更したことでデザインパーツがはみ出してしまった状態

032

リキッドレイアウトでも美しく

リキッドレイアウト

　これは、Webサイトのデザインでは一般的に利用されるリキッドレイアウトやリフローレイアウトといわれる手法で、表示領域の大きさや文字サイズが変化しても従来のレイアウトをできるだけ維持できるようにデザインする手法です。

　リキッドレイアウトは、印刷物のデザインなどで行われている固定レイアウトの考え方とは大きく異なるため、同列に考えていると思い通りにレイアウトを作成できなくなってしまいます。

　固定レイアウトの特徴は、版面という大きさが変化しないレイアウトの基準があるということです。それを利用してレイアウトを美しくするために、画像の高さをテキストの行数に合わせたり、画像の大きさやテキストとの間隔を調整してテキストの行数を画像と一致させたりしています。

　しかし、リキッドレイアウトのようにレイアウトの基準の大きさや文字サイズが一定ではない場

リキッドレイアウトのHTMLをWebブラウザで表示した状態

ウィンドウの幅を変更するとテキストの行長や画像の大きさが相対的に変化する

文字サイズを変更するとレイアウトを維持しながらテキストの大きさが変わる

合は、画像の大きさとテキストの行数を合わせても、基準の大きさやテキストの大きさが変化するとレイアウトは崩れてしまいます。

　Webサイトをリキッドレイアウトでデザインをしたことがあれば問題ありませんが、印刷物のデザインしか作成したことがない場合は、絶対値指定だからこそ実現できる固定レイアウトの美しさと、リキッドレイアウトで実現できるレイアウトの美しさの違いを理解しておく必要があります。

　リキッドレイアウトで美しいレイアウトを作成するポイントは、テキスト、余白、画像などのバランスをできるだけ保ちながら、レイアウトが変化することで発生する「半端をどのように分散・吸収させるか」といえます。

　絶対値指定による固定レイアウトは、半端が出ないようにオブジェクトなどの大きさを決めてレイアウトを作成するのに対し、リキッドレイアウトは半端が発生することを前提として、発生した端数を分散・吸収させてバランスを取ってレイアウトを作成します。

絶対値によるレイアウトの考え方。版面の大きさ（絶対値）に対してレイアウトするアイテムの大きさやアキをすべて絶対値で指定する

相対置によるレイアウトの考え方。全体の幅100％に対して相対値でアイテムの大きさと必要に応じてアキを指定して残りは成り行き

作成したEPUBは表示確認が必要

ビューアの制約を考慮する

　EPUBを作成する場合は、ビューアの仕様によってデザイン表現に制約があることも考慮する必要があります。

　例えば、背景の全面に画像やカラーを設定しても、ビューアにはあらかじめマージンが設定されているため、表示領域以外をコントロールすることはできません。また、ビューアによって表示領域の大きさが異なることや、背景の指定をしてもビューアによっては指定が無視されるものがあります。さらに、テキストの揃えもビューアによってデフォルトが異なっていたり、複雑なレイアウトは表示できないなど、ビューアによって表示のされ方に差があります。

　Webサイトのデザインでは、ブラウザの違いによる表示の差はCSSの記述方法で吸収したり、ス

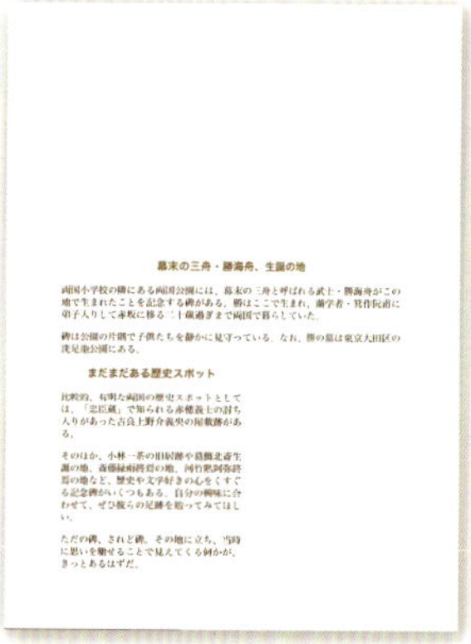

背景に色を設定してビューアで表示した状態。ビューアの表示領域にだけ色が表示されて、マージン部分はコントロールすることができない

複雑なレイアウトを表示した状態。iBooksでは表示されるレイアウトがStanzaでは表示されない

Stanzaではh2タグを設定したテキスト（行揃えの指定なし）が中央揃えになる

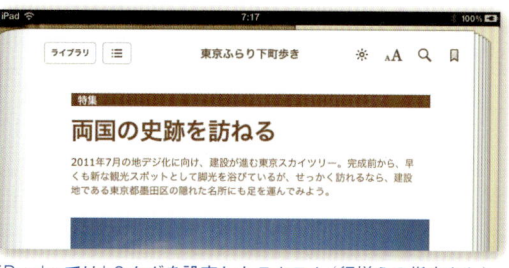

iBooksではh2タグを設定したテキスト（行揃えの指定なし）が左揃えになる

クリプトを使って読み込ませるCSSを変更して差を吸収するといったことが行われています。

しかし、現状のEPUBの仕様では、スクリプトによって読み込むCSSを切り替えるなどの対処をとることができません。そのため、作成したEPUBを表示チェックしながらビューアの差が出にくいようにレイアウトを作成するのが現実的な回避方法となります。

EPUBでサポートしているタグ

現行のEPUB 2.0でサポートしているタグは下表の通りで、現状ではXHTML1.1およびCSS 2.1でマークアップします。また、次期バージョンのEPUB 3.0は仕様がまだ確定していませんが、HTML5とCSS3の一部もサポートされる予定で、2011年5月に正式対応になる予定です。

ただし、ビューアによってはEPUB 3.0での対応が予測されるタグを先行して実装していたりします。そのため、EPUBの仕様では対応していないタグでも、ビューアによっては利用できるものもあります。例えば、iBooksでは動画を利用するためのvideoタグを利用できることが確認されています。

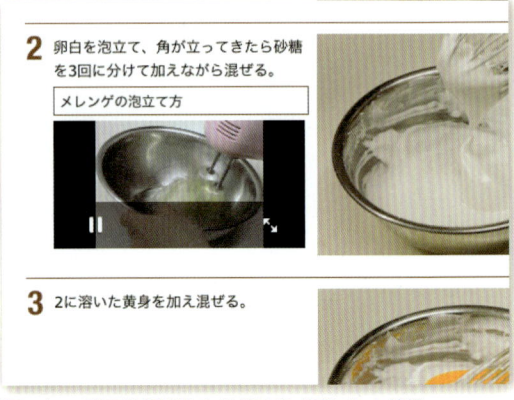

iBooksで動画を埋め込んだEPUBを表示した状態

サポートしているタグ一覧

構造	body、head、html、title
テキスト	abbr、acronym、address、blockquote、br、cite、code、dfn、div、em、h1、h2、h3、h4、h5、h6、kbd、p、pre、q、samp、span、strong、var
ハイパーテキスト	a
リスト	dl、dt、dd、ol、ul、li
オブジェクト	object、param
プレゼンテーション	b、big、hr、i、small、sub、sup、tt
編集	del、ins
両方向テキスト	bdo
テーブル	caption、col、colgroup、table、tbody、td、tfoot、th、thead、tr
画像	img
クライアントサイドイメージマップ	area、map
メタ情報	meta
スタイルシート	style
スタイル属性（廃止予定）	style attribute
リンク	link
ベース	base

InDesignでレイアウトを作成する場合の注意点

InDesignのデザイン作業は無駄?

Part1でも述べましたが、InDesignから書き出したEPUBはあくまでも中間データであり、デザインやレイアウトの修正はHTMLおよびCSSで調整するということを念頭において作業する必要があります。InDesignは、おおまかなHTMLの書き出しとEPUBに必要な関連ファイルを書き出すために使用して、最終的な調整はEPUBエディタなどを使って行います。

それでは、InDesign上でデザインやレイアウトの細部まで作り込むのは無駄な作業になるのかというと、そうとは言い切れません。

InDesign上で見出しまわりのデザインやレイアウトを決めておけば、EPUBを書き出したあとの調整作業をスムーズに行うことができますし、カンプの提出が必要な場合はプリンタ出力やPDFをすればデザイン校正を円滑にすすめることができます。

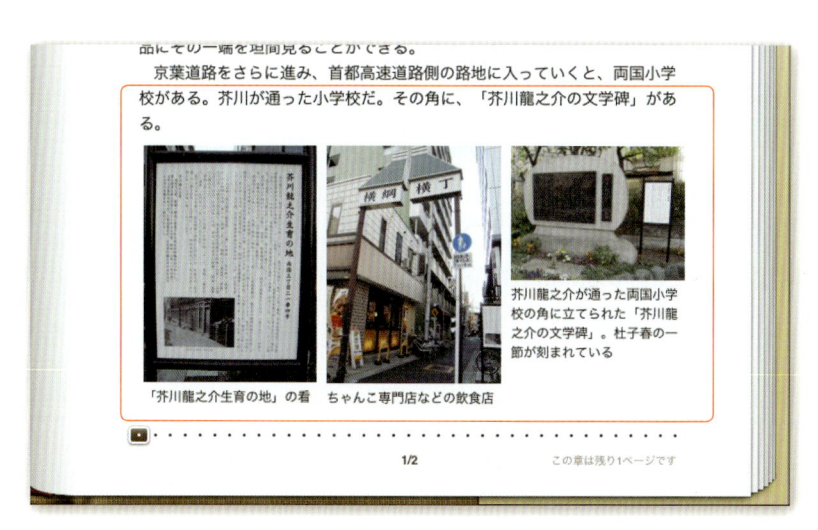

tableタグを使ったレイアウト。テキストが途中で切れて次ページに送られる

InDesignでレイアウトを作成する場合に大事なことは、書き出されるHTMLやCSSがどのように既述されるかを意識してレイアウトすることです。そのためには、InDesignの機能がどのようにHTMLのタグで書き出されるかを把握しておく必要があります。しかし、それは現実的とはいえないので、できるだけシンプルかつクリーンなHTMLが書き出されるようにすることと、CSSによる基本的なレイアウトのテクニックを意識してレイアウトを作成するとよいでしょう。

liタグを使ったレイアウト。テキストが途中で切れることなく次ページに送られる

注意すべきポイント

また、現状のEPUB（2.0）の仕様では縦組みのレイアウト、多段組みのレイアウトは実現できないことや、日本語組版固有のルビなどもサポートされていないので注意が必要です（EPUB 3.0では縦組みとルビをサポート予定）。

・見出しレベルの明確化と扱い方を統一をする
・表組み（table）を使ったレイアウトはできるだけ避ける
・箇条書き（li）を使ったレイアウトを活用する
・現状では縦組みのレイアウトはサポートされていない
・現状では段組みのレイアウトはサポートされていない

これらポイントの中で注目したいのが表組みと箇条書き（リスト）によるレイアウトです。

tableタグはどう使う?

最近ではほとんど見なくなりましたが、Webの世界ではCSSによるレイアウトが主流になる前は、レイアウトの崩れを防ぐなどの目的などからtableタグを使ってテキストや画像をレイアウトする方法をとることがありました。

これと同じ方法を使えば、EPUBでもテキストや画像のレイアウトを容易におこなうことができます。しかし、ビューアによってはtableがページ内に納まらない場合に、tableの途中で改ページがおこなわれます。それにより、ページをまたがって画像が切れて表示されたり、最悪の場合はテキストが切れて表示されることがあります。このようなことを避けるには、divやliタグとfloat指定を使ってCSSでレイアウトを制御するようにして、tableタグは本来の使い方である表の作成時に使用するようにします。

tableタグを使ったレイアウト。1行3列の表を作り1つのセルに画像とキャプションを入れている

明治の文豪・芥川も両国育ち

『芋粥』『地獄変』など珠玉の短編を残した明治時代の文豪・芥川龍之介。生まれは現在の東京都中央区だが、1歳にも満たないうちに両国にあった母の実家に預けられた。

家はもう残っていないが、京葉道路沿い「横綱横丁」の入り口にその跡を示す看板が立っている。芥川が両国に育ったことは、『両国本所』などの作品にその一端を垣間見ることができる。

京葉道路をさらに進み、首都高速道路側の路地に入っていくと、両国小学校がある。芥川が通った小学校だ。その角に、「芥川龍之介の文学碑」がある。

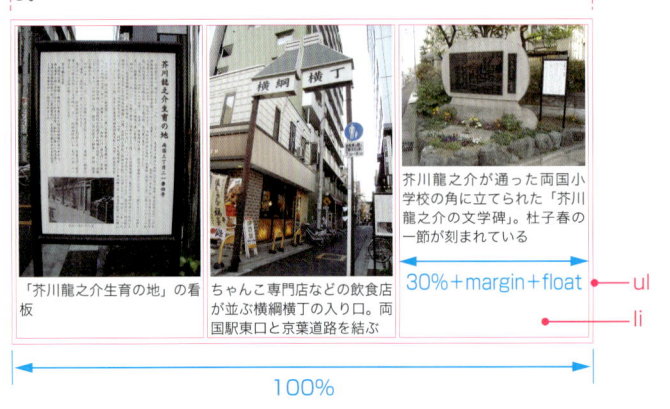

「芥川龍之介生育の地」の看板

ちゃんこ専門店などの飲食店が並ぶ横綱横丁の入り口。両国駅東口と京葉道路を結ぶ

芥川龍之介が通った両国小学校の角に立てられた「芥川龍之介の文学碑」。杜子春の一節が刻まれている

30％＋margin＋float — ul
— li
100％

liタグを使ったレイアウト。ul（リスト全体の範囲）を100％に設定し、li（リストの項目）を30％＋マージン幅に設定してfloatさせることでリスト項目を横に並べている。divを入れ子にすれば同様にレイアウトできる

2　ドキュメントの作成

原稿の整理と構造化を考える

見出しの指定

　HTMLで見出しの指定をするには、「<h1>見出しテキスト</h1>」のように、見出しの開始タグ（<h1>）と終了タグ（</h1>）で見出しのテキストを囲んで記述します。また、見出しタグは、扱い方のレベルに合わせてh1〜h6までのタグがあり、hの後ろにある数字が大きいほど扱い方のレベルが下がります。

　EPUBに内包されるXHTMLでも同様の方法で見出しの指定をするので、原稿の記述パターンを把握して、統一性がない場合は編集して章・節・項などの見出しレベルを明確にして原稿を構造化しておく必要があります。そこで注意したいのが、原稿の見出しレベルとデザインを分離して考えるということです。

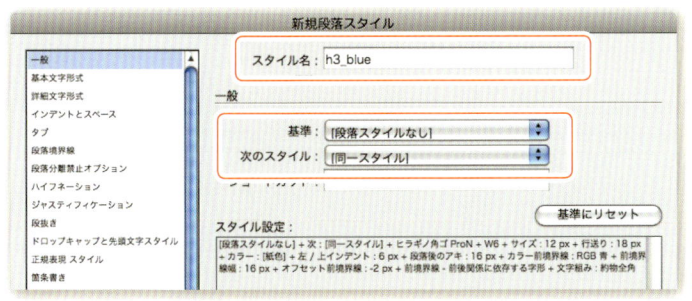

InDesignの［新規段落スタイル］ダイアログで親スタイルを作成したところ

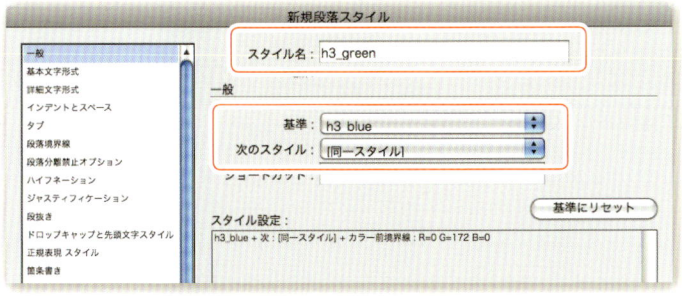

InDesignの［新規段落スタイル］ダイアログで子スタイルを作成したところ

登録したスタイルをテキストに適用した状態

class属性を使う

　見出し用のタグはh1～h6までしかありませんが、class属性を使うことで同一レベルのバリエーションを作成できます。これは、InDesignで段落スタイルを作るときに、［基準］を設定してバリエーションを作成するのに似ています。例えば、見出しの文字サイズやデザイン処理は変更しないで、章ごとにカラーだけを変更するケースです。

　このような場合、InDesignで段落スタイルを作成するときは、親となるスタイルに書体や文字サイズなど、すべての要素を設定して登録します。

そして、バリエーションとなる子のスタイルでは、［基準］に親とするスタイルを設定してカラーだけを設定します。こうすることで、親子関係のあるスタイルを作成してデザインに統一性を持たせたり、親スタイルに変更を加えると子スタイルにも変更を反映できるため、作業効率をアップすることができます。

CSSを活用する

　HTMLではCSS（Cascading Style Sheets）を使って見出しの書式やレイアウトなどを指定します。

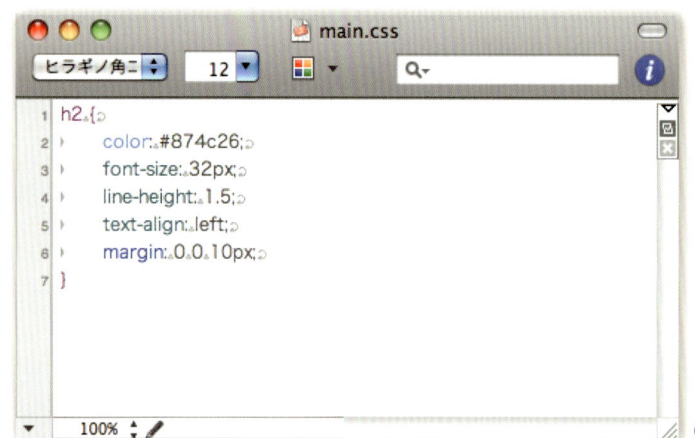

```
h2 {
    color: #874c26;
    font-size: 32px;
    line-height: 1.5;
    text-align: left;
    margin: 0 0 10px;
}
```

CSSでh2タグの書式と属性を設定した状態

```
h2.sub {
    color: #ffffff;
    font-size: 14px;
    line-height: 1;
    text-align: left;
    margin: 0 0 10px;
    background-color: #874c26;
    padding: 2px 10px;
}
```

CSSでh2タグにclass属性を設定して子スタイル（バリエーション）を設定した状態

HTMLでh1タグを設定した見出しの文字サイズや色、見出しの前後のアキなどの書式や属性はCSSに記載します。また、登録したスタイルにclass属性を設定すると、子のスタイルを作成することがでいます。

　例えば、h2タグの子スタイルを作成したい場合は、「h2.SubTitle」のようにh2の後ろにclass属性を指定するピリオドとスタイル名（ここでは「.Subtitle」）設定して、親スタイル（ここではh2）から変更する書式や属性を設定します。

　このように、class属性を使うことで原稿の扱いレベルは同じでも異なる体裁のデザインにすることができます。これは、見出しだけでなく本文などでも活用できます。ですので、HTMLのタグは種類や用途が限られていますが、CSSを使うことでデザインのバリエーションは無限に作成することができます。

　これらのことをふまえて、原稿を整理するときは扱い方のレベルとデザインの体裁をわけて考える必要があります。また、そうすることで煩雑になりやすいCSSの作成を効率よく行うことができます。

作成したスタイルをhtmlに適用した状態

HTML変換されることを考えて作成

HTMLの文書構造

実際にInDesignでEPUB書き出し用のドキュメントを作成する場合、書き出されるHTMLの状態を常に意識してデータを作成するようにします。そのためには、HTMLの文書構造の基本を覚えておくことが必要です。

HTMLは、ヘッダ情報といわれるメタ情報やタイトルなどを記述したパートと文書のコンテンツ部分のボディの2つのパートで構成されていて、HTMLの開始と終了を宣言するhtmlタグでヘッダ情報とボディが囲まれています。また、ヘッダ情報はheadタグ、コンテンツ部分はbodyタグで囲んで記述します。

InDesignで作成したドキュメントをEPUBやHTMLに書き出した場合、ドキュメント上に作成したオブジェクトは、bodyタグ内のコンテンツとして書き出されてヘッダ情報などは自動で追加されます。

要するに、InDesignでレイアウトを作成する場合は、HTMLのbody部分が視覚化されて画面上に表示されていると考えるといいでしょう。

```xml
<?xml version="1.0" encoding="utf-8" standalone="no"?>
<!DOCTYPE html PUBLIC "-//W3C//DTD XHTML 1.1//EN"
        "http://www.w3.org/TR/xhtml11/DTD/xhtml11.dtd">

<html xmlns="http://www.w3.org/1999/xhtml" xml:lang="ja" lang="ja">
    <head>                                                          head
        <title> 東京ふらり下町歩き </title>
        <link href="../Styles/main.css" rel="stylesheet" type="text/css" />
    </head>

    <body>                                                          body
        <h2 class="sub sigilNotInTOC" id="heading_id_2"> 特集 </h2>
        <h2 id="toc-anchor"> 両国の史跡を訪ねる </h2>

        <p class="read">2011年7月の地デジ化に向け、建設が進む東京スカイツリー。
        完成前から、早くも新な観光スポットとして脚光を浴びているが、せっかく訪れ
        るなら、建設地である東京都墨田区の隠れた名所にも足を運んでみよう。</p>

        <img alt=" 両国駅前 " src="../Images/special_02.jpg" width="100%" />
    </body>
</html>
```

HTMLの基本構造

HTMLとページ

ただし、画面上で見えている状態は、HTMLに記述した状態と完全に一致しているわけではありません。どのようにHTMLとして書き出されるかを意識してレイアウトを作成する必要があります。

そのときにポイントになるのは、テキストフレームはdivタグ、段落スタイルはpタグのclass属性として書き出されるということです。また、HTMLにはページという概念がないためため、レイアウトで調整したページネーションは無視をされて、1つのドキュメントデータが1つのHTMLとして書き出される点にも注意が必要です。

作成したレイアウトを別のHTMLファイルとして書き出したい場合は、別のファイルで作成をしてブックでまとめからEPUBに書き出すか、EPUBを書き出してからHTMLを分割します。

レイアウトを作成した状態

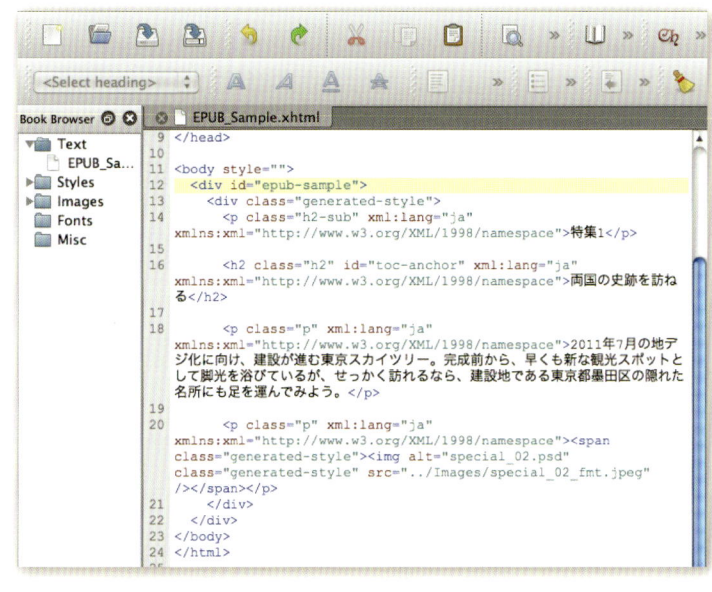

書き出したEPUBに内包されるHTMLの状態。作成するEPUBのデザインによってはbodyタグの次にあるdivタグは不要になる

2　ドキュメントの作成

新規ドキュメントの作成

実際にEPUB書き出し用のドキュメントを作成してみましょう。ビューアによってはデバイスの向きによって見開き表示にできますが、ドキュメントを作成する場合は単ページで作成します。また、ドキュメントプロファイルは「Web」に設定して、テキストやオブジェクトの単位は「px（ピクセル）」、画像のカラーモードやオブジェクトへのカラー設定はRGBを使って設定します。
ここでは、「768×1024」pxの新規ドキュメントを作成します。

1　ドキュメントプロファイルの設定

［ファイル］メニュー→［新規］→［ドキュメント］を選択して、［新規ドキュメント］ダイアログが表示されたら［ドキュメントプロファイル］から「Web」を選択します。
［ドキュメントプロファイル］を「Web」に設定すると、ドキュメントのカラースペースがRGBになります。

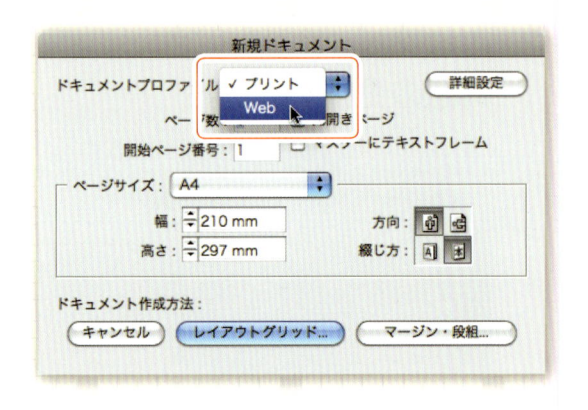

2　ページサイズ・方向・綴じ方向の設定

続いて、［ページサイズ］から「1024×768」を選択し、［方向］を「縦置き」、［綴じ方］を「左綴じ」に設定して［マージン・段組］をクリックします。
必要に応じて、［断ち落とし］および［印刷可能領域］も設定します。［断ち落とし］と［印刷可能領域］が表示されていない場合は［詳細設定］をクリックします。
例では、レイアウトの作業効率を確保するために［断ち落とし］を「10px」に設定しています。

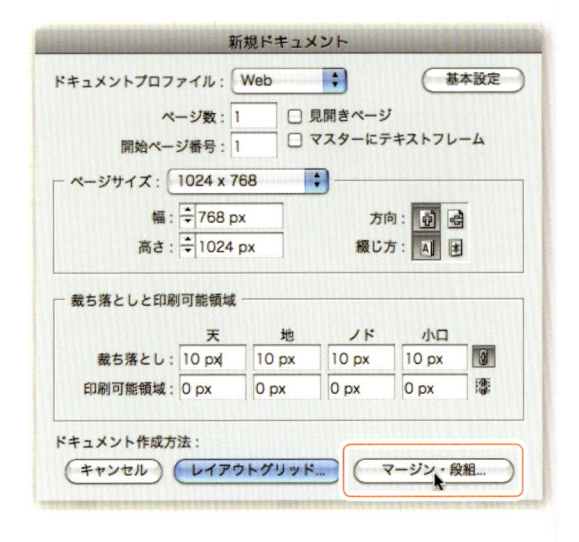

3 マージンの設定

［新規マージン・段組］ダイアログが表示されたら、［天］、［地］、［左］、［右］に任意の値を設定して［OK］をクリックします。ここでは、［天］を「128」px、［地］を「106」px、［左］と［右］を「109」pxに設定します。

ビューアの表示領域を調べたい場合は、背景にカラーを設定したEPUBや大きいサイズの画像を配置したEPUBをビューアで表示し、その状態キャプチャ撮影して調べるのがもっとも簡単な方法です。

なお、マージンを設定する設定する場合は、設定値を入力して確定すると自動で単位(px)が設定されます。また、px以外の単位で設定したい場合は、100ptなどのように単位も入力すると、その単位でマージンを設定できます。

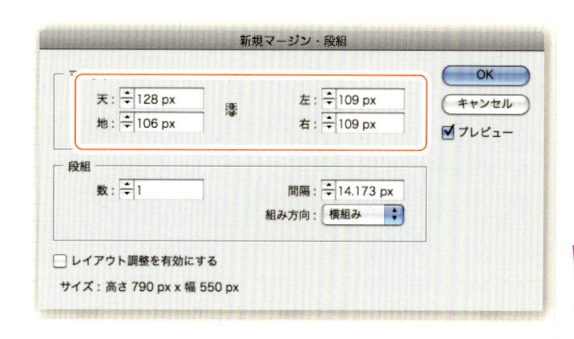

2　ドキュメントの作成

段落スタイルの登録

ドキュメントを作成したら、ダミーテキストを配置するなどして段落スタイルを作成します。そのとき、段落スタイルのスタイル名は、HTMLのタグと同名にしておきます。そううすることで、EPUBを書き出したあとでの修正を効率良く行うことができます。

ここではダミーテキストを入力して、段落スタイルを作成してみましょう。

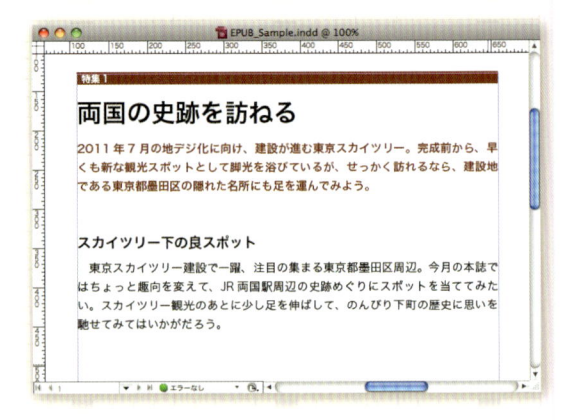

1　新規段落スタイルの作成

段落スタイルに登録したい書式を設定したテキストを[文字]ツールで選択して、[段落スタイル]パネルメニュー→[新規段落スタイル]を選択します。

[段落スタイル]パネルは[書式]メニュー→[段落スタイル]または[ウィンドウ]メニュー→[スタイル]→[段落スタイル]で表示できます。

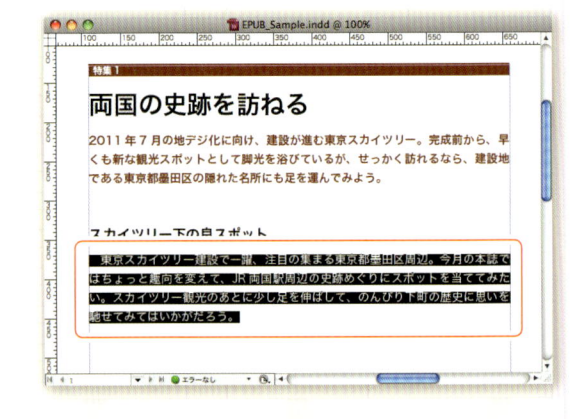

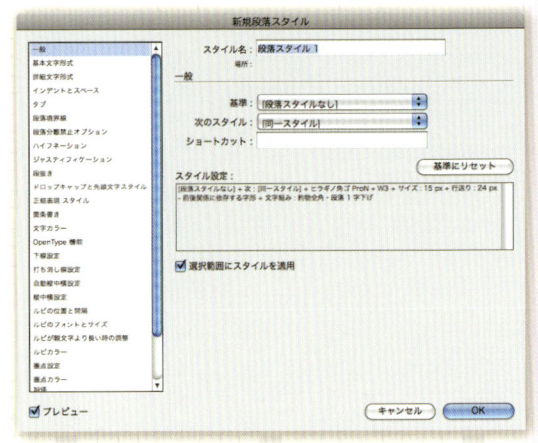

2 スタイルの設定

［新規段落スタイル］ダイアログが表示されたら、［スタイル名］にタグと同じ名前を設定し、文字サイズや行送り、文字カラーなどの書式を設定します。

書式を設定する場合、フォントはヒラギノゴシックProNの書体（W3またはW6）に設定します。作成環境がWindowsの場合は、MSゴシックやメイリオなどに設定するとよいでしょう。

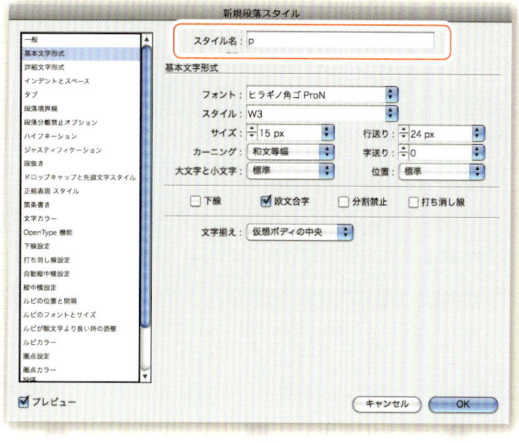

スタイル名はタグに合わせて「p」としている

3 子スタイルの作成

続いて、手順2で登録した段落スタイルを親スタイルにして、子スタイルを作成してみましょう。［段落スタイル］パネルメニュー→［新規段落スタイル］を選択します。［新規段落スタイル］ダイアログが表示されたら、［スタイル名］に任意の名前を入力し、［基準］を手順2で登録したスタイルに設定し、書式を設定して［OK］をクリックします。

スタイル名を設定する場合、HTMLタグのclass名（h2.SubTitleなど）にすることを考慮して半角英数字で設定するようにします。また、名前の先頭には数字を使わないように設定します。

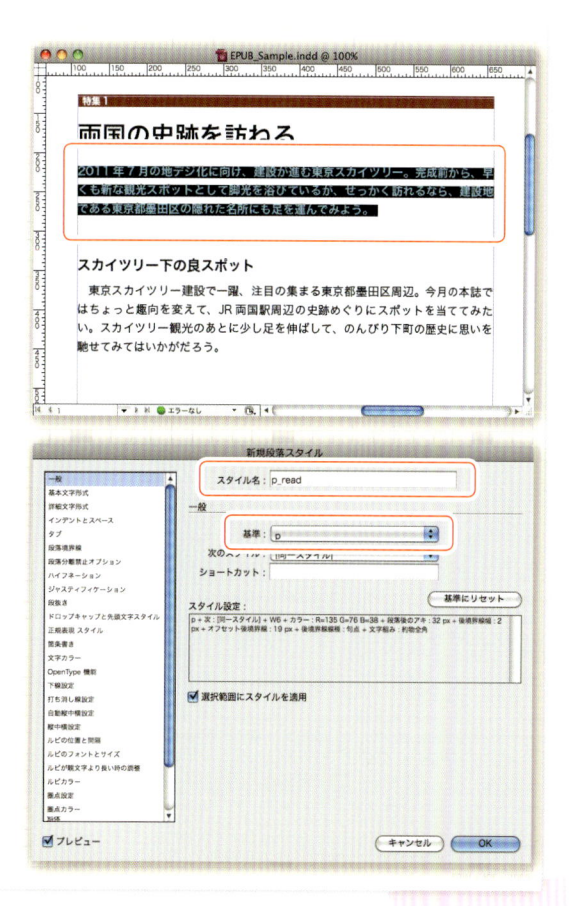

テキストの配置

ドキュメントにテキストを配置する場合、InDesignタグを埋め込んだタグ付きテキストを配置するか、Microsoft Wordで編集してスタイルを設定したdocファイル（Word形式）を作成し、配置するときにInDesignの段落スタイルにスタイルマッピングをするとテキストへのスタイル適用を効率化できます。

ここでは、スタイルを設定したdocファイルをInDesignのスタイルにマッピングして配置します。

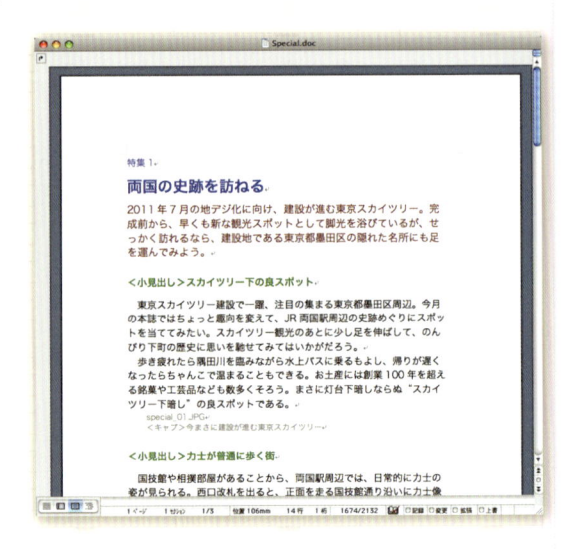

1　テキストの配置

［ファイル］メニュー→［配置］を選択します。［配置］ダイアログが表示されたら［読み込みオプションを表示］をチェック、［グリッドフォーマットの適用］をオフに設定し、ドキュメントに配置したいdocファイルを選択して［開く］をクリックします。

ここでは、テキストをプレーンテキストフレームで配置するため［グリッドフォーマットの適用］をオフに設定します。

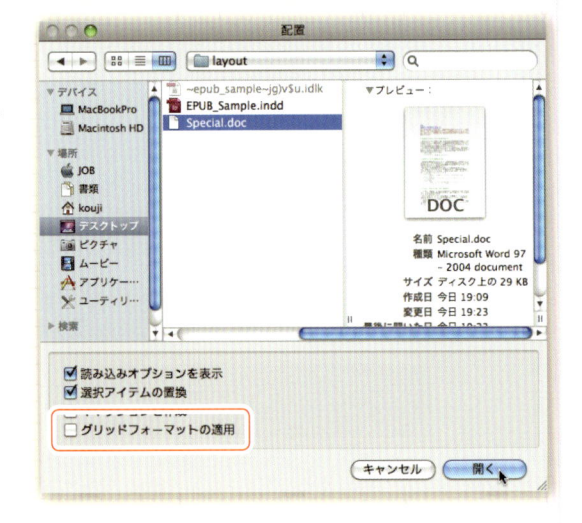

2 配意オプションの設定

［Microsoft Word読み込みオプション］ダイアログが表示されたら、［スタイル読み込みをカスタマイズ］を選択して［スタイルマッピング］をクリックします。

docファイルを通常のテキストとして読み込みたい場合は［テキストと表からスタイルおよびフォーマットを削除］を選択して［OK］をクリックします。

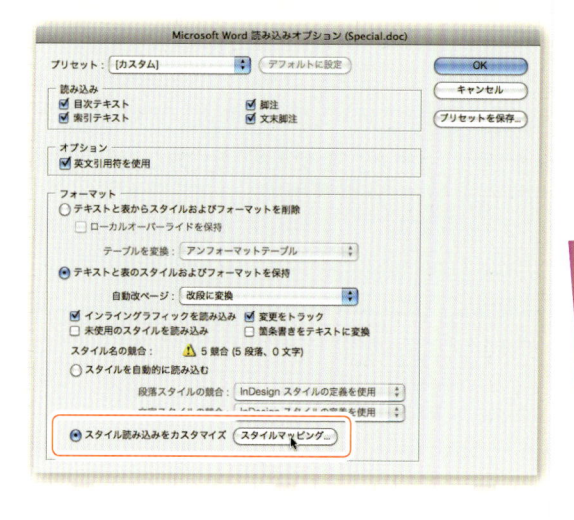

3 スタイルのマッピング

［スタイルマッピング］ダイアログが表示されたら、「InDesignスタイル」のリストでWordに登録されているスタイルに割り当てるInDesignのスタイルを設定して［OK］をクリックします。

Wordのスタイル名をInDesignのスタイル名と同じスタイル名に設定しておくと、自動でスタイルがマッピングされます。

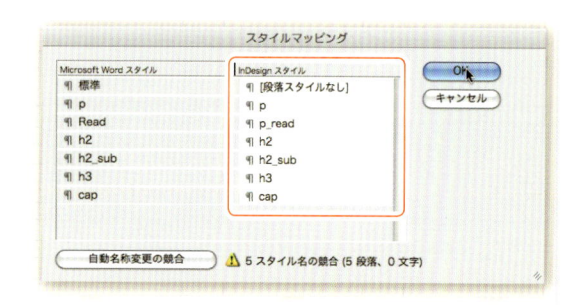

4 テキストの配置

［Microsoft Word読み込みオプション］ダイアログに戻ったら［OK］をクリックし、マウスポインタがテキストを配置可能な状態になったらドキュメント上の任意の位置をクリックしてテキストを配置します。

テキストを配置する場合、shiftキーを押しながらドキュメント上をクリックすると、自動でページを追加してdocに含まれるテキストをすべて配置することができます。

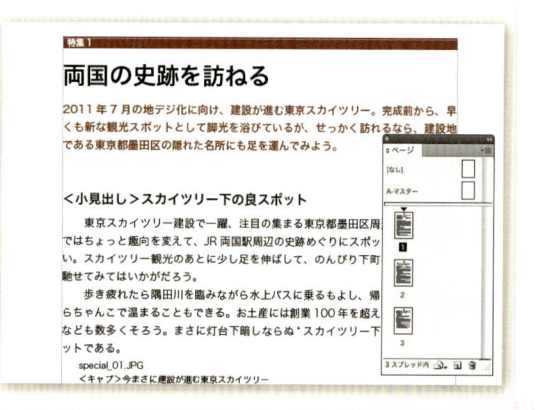

5 スタイルの適用状況の確認

テキストを配置できたら、テキストに適用されているスタイルがオーバーライドされていないかを確認します。オーバーライドされている場合は、文字ツールでテキストを選択して［段落スタイル］パネルメニュー→［オーバーライドを消去］を選択します。

スタイルに登録されている書式や属性の状態と異なる状態をオーバーライドといいます。例えば、段落スタイルを適用したテキストの書式がオーバーライドされている場合、テキストを選択するか段落にテキスト挿入点を入れると、［段落スタイル］パネルのリストでスタイル名の後ろに「＋」が表示されます。

なお、文字ツールでオーバーライドされているテキストを選択して［段落スタイル］パネル下部にある［選択範囲のオーバーライドを消去］をクリックしてもオーバーライドを消去できます。

スタイルがオーバーライドされている状態

オーバーライドを削除した状態

既存のドキュメントを
EPUBにする場合のハードル

既存のドキュメントはEPUB化可能?

InDesignからEPUBを書き出す場合、新規にドキュメントを作成して書き出すのであればそれほどハードルは高くないといえます。

しかし、印刷用に作成された既存のドキュメントをEPUBにする場合は、新規で作成するよりもハードルが高くなります。データの作成状態によっては、新規で作成しなおす方が作業効率がよいといえるでしょう。

EPUBとの相性

既存のドキュメントをEPUB書き出し用に最適化する場合、小説やビジネス書などのように文書構造が明確なテキストが中心のドキュメントであれば、それほど大きな修正は必要としません。

問題となるのは、すべてのテキストにスタイルが適用されていることや、テキストや画像などのオブジェクトに設定されているカラーがCMYKであること、画像の配置状態など、技術的なことが中心になります。

ドキュメントのサイズ	［ドキュメント設定］ダイアログ（［ファイル］メニュー→［ドキュメント設定］）の［ページサイズ］で変更。 その際、［レイアウト調整］ダイアログ（［レイアウト］メニュー→［レイアウト調整］）の［レイアウトの調整を仕様］をチェックしておくとよい。
見開きの単ページ化	［ドキュメント設定］ダイアログの［見開き］をオフに変更。 その際、［ページ］パネルメニュー→［ドキュメントページの移動を許可］にチェックを入れておくとよい。
版面の変更	マスターページを表示して［レイアウトグリッド設定］ダイアログ（［レイアウト］メニュー→［レイアウトグリッド］）または［マージン・段組］ダイアログ（［レイアウト］メニュー→［マージン・段組］）で変更。
定規およびオブジェクトの単位	［環境設定］ダイアログの［単位と増減値］（［InDesign］（Windowsは［編集］）メニュー→［環境設定］→［単位と増減値］）。
画像のファイル形式変更（貼り替え）	［リンク］パネルメニュー→［ファイル拡張子にリンクを再設定］または［フォルダに再リンク］を使って［次の拡張子でファイル名が一致する］を使うとファイル形式の異なるファイルに再リンクできる。InDesignで画像を変換しない場合はEPUBを書き出したあとで差し替える。
段落スタイルの適用	［検索と置換］を使って適用するか手動で適用。
文字サイズ・行送りなど	CSSで調整。
カラー変換	CSSで調整。
画像の挿入位置	テキストフレームにインライングラフィックスで配置（手動による作業）。

しかし、雑誌などのようにレイアウトが複雑なドキュメントの場合は、EPUBではそのままでは再現できないことから、原稿の構造化を明確にする編集作業が必要になる可能性があります。それらの問題をクリアにしようとした場合、レイアウトからテキストや画像を抽出して新規で作り直した方が早いということになります。当然といえば当然のことですが、EPUBの特性や制約に合わないドキュメントほど多くの修正が必要になるということです。

EPUB書き出し用に最適化する場合の主な問題点と解決方法は以下の表の通りです。作業の中でもっとも手間がかかるのは、テキストへのスタイル適用と画像のインライングラフィック化になります。

COLUMN

目的に合わせて書き出し方を変更する

InDesignで作成したレイアウトからEPUBを作成するには3つの方法があり、もっとも簡単な方法はダイレクトにEPUBを書き出す方法になります。この方法でEPUBを書き出す場合、EPUBに必要な関連ファイルを自動で作成できるメリットがあります。しかし、内包されているXHTMLの記述がクリーンではなく、ビューアによっては画像が表示されない可能性があるため編集が必須になるというデメリットがあります。

そのほかには、HTMLを書き出してEPUBエディタを使ってEPUBに変換する方法、XMLを書き出してXHTMLに変換してからEPUBエディタデを使ってEPUBに変換する方法があります。

InDesignからHTMLを書き出すには、[ファイル]メニュー→[書き出し先]→[Dreamweaver]を選択します。この方法で書き出されるHTMLは、EPUBを書き出した場合に内包されるXHTMと同様にクリーンなHTMLとはいえません。XHTMLを編集しやすい程度であまりメリットはない方法といえます。

InDesignからできるだけクリーンなソースを書き出したい場合は、XMLに書き出す方法がよいでしょう。XML書き出しを使ってクリーンなソースを作成するには、[タグ]パネルにHTMLタグと同名のタグを作成します。そして、作成したタグをテキストや画像などに適用してからXMLに書き出し、テキストエディタなどを使って編集してHTMLに変換します。この方法は、クリーンなソースを書き出しやすいメリットがありますが、[タグ]パネルにタグを登録してテキストや画像に適用する必要があるなど、必要とする作業が多くなるデメリットがあります。

どの方法も一長一短なので、ドキュメントのボリュームやHTMLの理解度などから書き出す方法を使い分けるとよいでしょう。

3　画像の配置と品質

配置できるファイル形式

　InDesignにはさまざまな形式の画像を配置することができますが、印刷物の作成時などに標準的に使われているのは、PSD（Photoshop形式）およびAI（Illustrator形式）です。

　EPUB書き出し用のドキュメントを作成する場合もPSDおよびAIを使用することができますが、その場合はEPUBを書き出すときに［Digital Editions書き出しオプション］ダイアログで［フォーマット］にチェックを入れてGIFおよびJPEGに変換して書き出す必要があります。

　EPUBを書き出すときにInDesignに変換させたくない場合は、JPEG、PNG、GIF形式などで貼り込んでフォーマットをせずに書き出すか、EPUBを書き出したあとで入れ替えます。また、InDesignはサポートしていませんが、EPUBはSVG 1.1を利用することもできます。

　ただし、図に含まれているテキストを埋め込んで利用する場合はフォントのライセンスの問題があるので注意が必要になってきます。また、テキストに設定してある書体を維持したい場合は、アウトライン化してからSVG形式にする必要があります。

　レイアウトにPSDやAI形式で貼り込んでEPUBを書き出すときにフォーマットをする方法と、JPEGやPNG形式で貼り込んでフォーマットせずに書き出す方法のどちらで作成するかは、画像の品質をどこまでコントロールするかによります。

　より詳細にコントロールしたい場合は、JPEGやPNG形式で貼り込んでドキュメントを作成し、［Digital Editions書き出しオプション］ダイアログ［フォーマット］をチェックしないでEPUBを書き出すようにします。

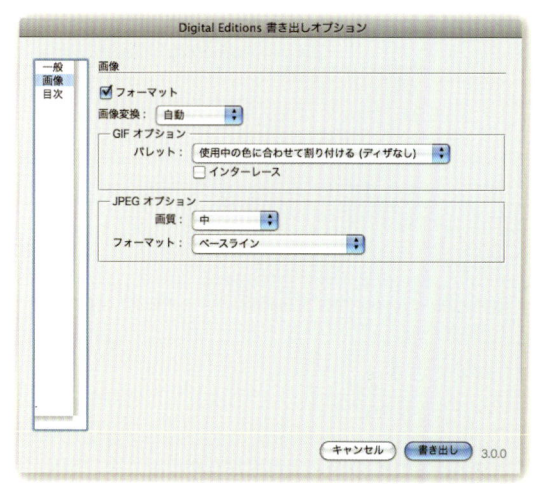

［Digital Editions書き出しオプション］ダイアログ。［フォーマット］にチェックを入れて画像の品質を設定すると、画像が変換されてEPUBに内包される

対応している画像形式

InDesignがサポートする一般的な画像形式	AI（Illustrator形式）、PSD（Photoshop形式）、PDF、EPS、TIFFなど
EPUBがサポートする画像形式（EPUB2.1）	GIF、JPEG、PNG、SVG 1.1

3　画像の配置と品質

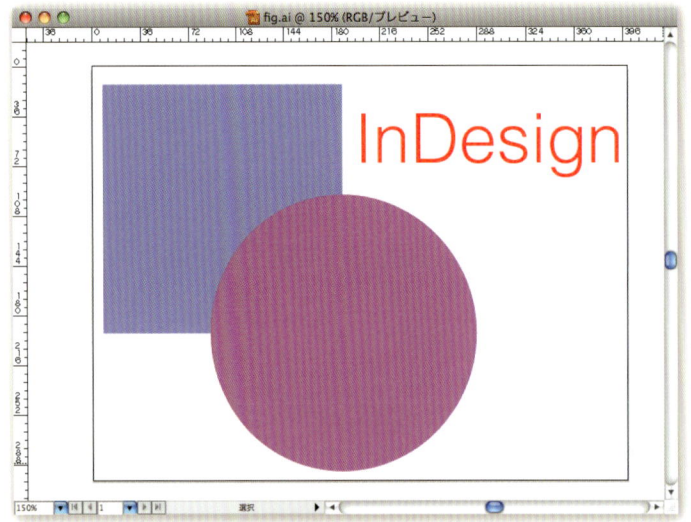

Illustratorで作成した
SVGファイル

作成したSVGをEPUBに貼り込んで
iBooksで表示した状態。SVG内のテキ
ストに設定されている書体は無視される

画像解像度は
どの程度に設定するべきか

iPadの解像度

　Apple社のiPadに関する資料では、画面サイズは1024×768pxで解像度は132ppiと公表されています。この情報からわかるのは、iPadの画面で画像を拡大・縮小せず100％の大きさ表示する場合は、132ppiあればきれいに見えるということになります。要するに、画像解像度は132ppiを基準にするということです。

　ただし、画面サイズの1024×768pxには共通のインターフェイス部分も含まれているため、実際の表示可能領域はもう少し小さいサイズになります。

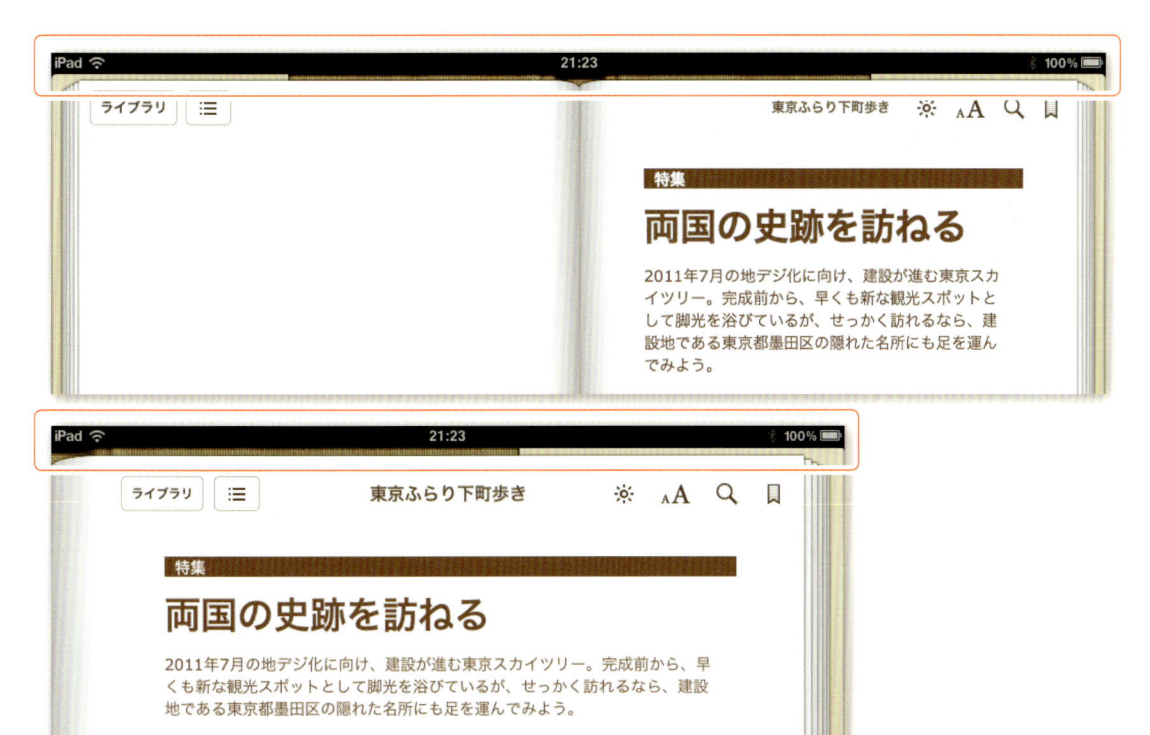

iPadの画面。画面上部に表示されている時計やバッテリー表示などの部分は常に表示される

ビューアの表示領域を考慮する

　また、EPUBを表示する場合は、ビューアの表示領域の大きさが画像を最大で表示できる画像サイズになります。例えば、iBooksの表示領域の大きさは、縦表示では800×557px程度まで小さくなり、横表示の場合はさらに小さくなることを考慮しておく必要があります。

　なお、iBooksでは、EPUBの画像をダブルタップすると、別ウィンドウで画像を開いて大きく表示することができます。この機能を利用すれば、複雑な図などでも縮小してレイアウトしておき、ダブルタップで拡大して詳細を見るということが可能になります。

　その場合は、画像サイズは任意の大きさ、画像解像度は132ppiで作成し、EPUBに内包されるXHTMLまたはCSSで画像の大きさを相対値で指定します。

iBooksでEPUBを表示した状態

埋め込まれている画像をダブルタップした状態

EPUBに埋め込んだ画像。画像サイズは800×600px、画像解像度は200ppiに設定してある

EPUBの画像部分のHTMLソースとCSSのソース

画像はインライングラフィックで配置するのが基本

EPUB書き出し用のレイアウトを作成する場合、画像はすべてインライングラフィックにする必要があります。画像をインライングラフィックにするには、画像を挿入したい位置にテキスト挿入点を入れてから［ファイル］メニュー→［配置］を選択して配置する画像を選択するか、ドキュメントの任意の位置に配置した画像をコピーまたはカットして、画像を挿入したい位置にペーストします。ここでは、任意の位置に配置した画像をカット＆ペーストでインライングラフィックにする方法を解説します。

1 画像の配置

［ファイル］メニュー→［配置］を選択してドキュメント上の任意の位置に画像を配置します。
画像を配置したらグラフィックフレームの大きさ、画像の拡大・縮小率、トリミング位置などを調整します。

2 画像のインライングラフィック化

［選択］ツールで画像を選択して［編集］メニュー→［カット］または［コピー］を選択します。続いて、［文字］ツールで画像を配置したい位置にテキスト挿入点を入れて［編集］メニュー→［ペースト］を選択します。
画像をインライングラフィックにしてEPUBを書き出すと、EPUBに内包されているHTMLでは、画像を配置した位置に適用されている段落スタイル名がclass名のpタグで囲まれて記述されます。

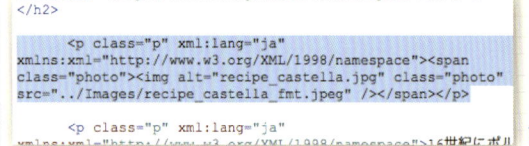

画像を配置した部分のHTMLソース

3　テキストと画像の重なり調整

画像をインライングラフィックにすると、画像と重なる部分のテキストが見えなくなってしまいます。これを解消するには、画像に回り込みを設定します。［選択］ツールで画像を選択し、［テキストの回り込み］パネルの［オブジェクトを挟んで回り込む］をクリックします。なお、［テキストの回り込み］パネルは［ウィンドウ］メニュー→［テキストの回り込み］で表示できます。

EPUBを書き出すだけであればテキストが隠れた状態のままでも構いませんが、テキストが見えるようにしたい場合は回り込みを設定して解消します。

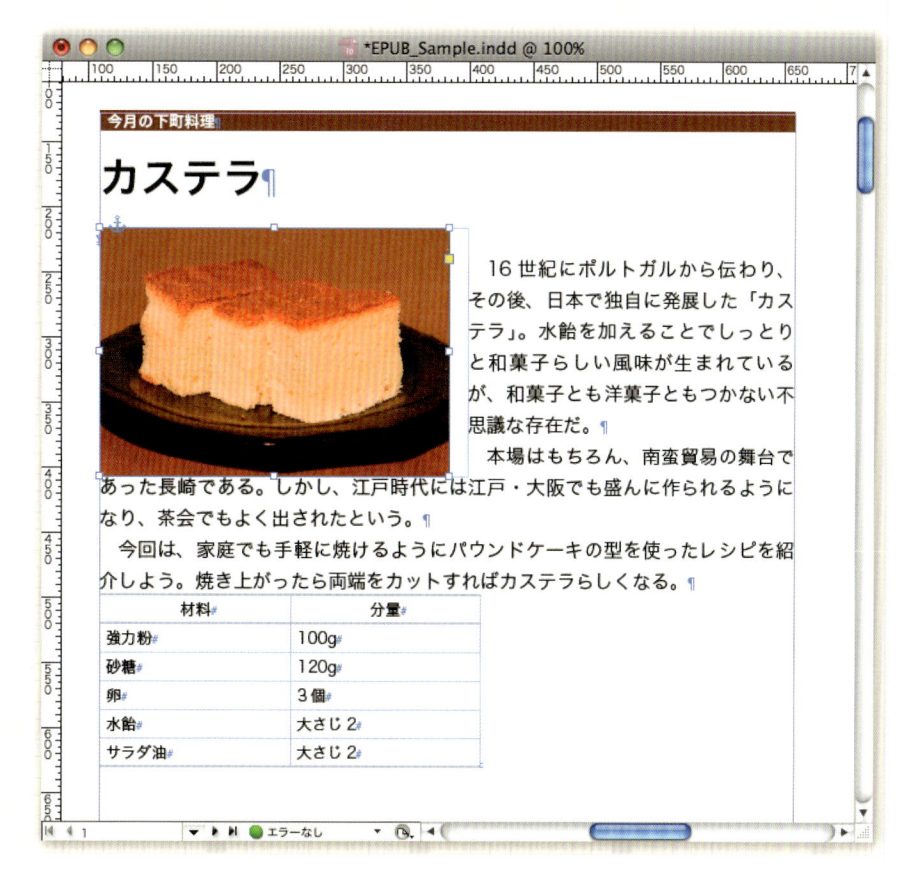

画像を横に並べて
レイアウトする方法

画像を横に並べて表示させるには、表（table）を使う方法と箇条書き（li）を使う方法があります。ここでは箇条書きを使って横に並べる方法を解説しますが、箇条書きを使う場合はInDesignの画面上では仕上がり結果を確認できないので注意してください。
箇条書きを使って横並びにする場合は、CSSで横並びにするための設定を行います。

1　画像の配置

横並びにしたい画像をインライングラフィックとしてテキストフレームの中に配置します。次に、［文字］ツールで画像を配置した段落を選択して、［段落］パネルメニュー→［箇条書き］を選択します。
必要に応じて画像のキャプションなども配置します。その際、キャプションは画像と同じ段落に入力をしておき、EPUBを書き出した後で改行で調整します。

2　箇条書きの設定

［箇条書き］ダイアログが表示されたら［リストタイプ］を「記号」に設定し、［記号スタイル］のリストから任意の記号を選択して［OK］をクリックします。
［記号スタイル］、［揃え］、［左インデント］、［先頭行のインデント］、［タブ位置］などのオプションは、EPUBを書き出してからCSSで詳細な設定をします。そのため、ここではデフォルトの設定のまま［OK］をクリックしてもかまいません。

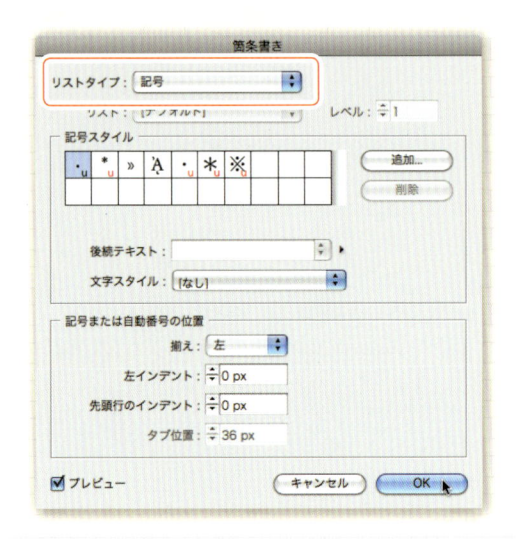

4 HTMLとCSSの設定

EPUBを書き出して、内包されているHTMLおよびCSSを修正して箇条書きに設定した画像のレイアウトを調整します。

EPUBに内包されているXHTMLでは、画像とキャプションを改行（brタグ）などでひとつのリスト項目（liタグ）に修正し、CSSでulタグ（番号無しリスト）とliタグ（リスト項目）の書式や属性を記述します。ulタグはリスト全体の大きさや前後のアキなど、liタグはリスト項目の文字サイズ、書式大きさ、他のリストとのアキなどを設定します。

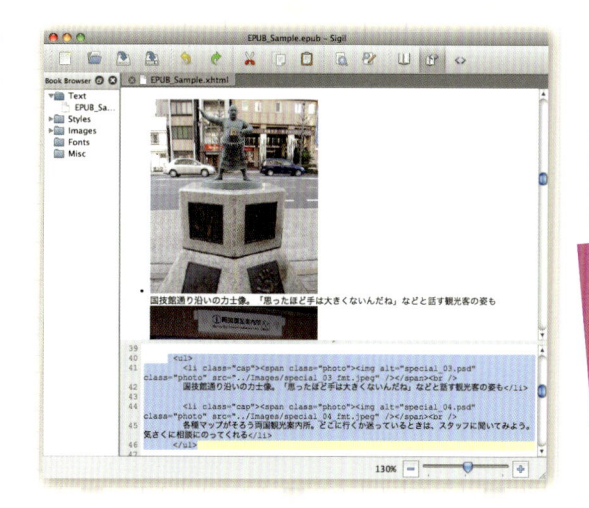

HTMLの修正例

```
<ul>
    <li><img src="../Images/special_03.jpg" alt="国技館通り沿いの力士像" width="100%" /><br />
    国技館通り沿いの力士像。「思ったほど手は大きくないんだね」などと話す観光客の姿も </li>
    <li><img src="../Images/special_04.jpg" alt="両国観光案内所" width="100%" /><br />
    各種マップがそろう両国観光案内所。どこに行くか迷っているときは、スタッフに聞いてみよう。気さくに相談にのってくれる </li>
</ul>
```

CSSの設定例

```
ul {
    width: 100%;
    padding: 0;
    margin: 15px 0 20px;
    float: left;
    clear: both;
}
li. {
    margin: 0em 3% 0em 0em;
    list-style-type: none;
    padding: 0;
    width: 45%;
    float: left;
}
```

テキストの横に画像を
配置する方法

テキストの横に画像とキャプションのブロックを回り込ませて配置したい場合、本文用のテキストフレームとは別に作成したテキストフレームに画像とキャプションなどを配置してインライングラフィックとして配置します。こうすることで、EPUBに内包されるHTMLでは、画像とキャプションを配置したテキストフレームをdivタグとして書き出すことができます。

1　テキストフレームの作成

［文字］ツールでドキュメント上の任意の場所をドラッグしてテキストフレームを作成します。

仕上がり結果を確認しながらレイアウトを作成したい場合は、作成したテキストフレームの大きさを版面の幅に対する相対地相当に調整します。

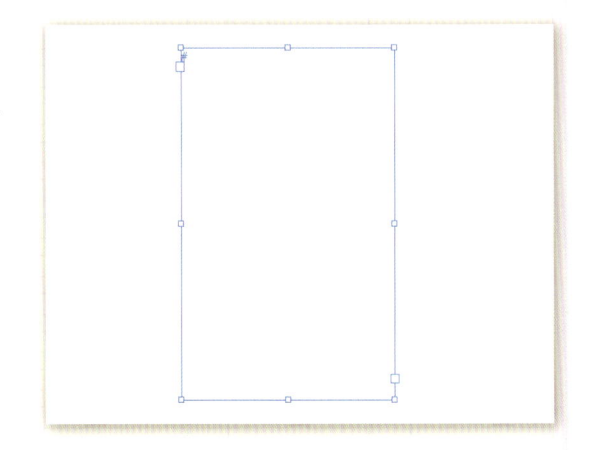

2　画像とキャプションの配置

作成したテキストフレームに画像とキャプションを配置して大きさを調整します。

画像はインライングラフィックとして配置します。

3　画像とキャプションのインライングラフィック化

画像とキャプションを配置したテキストフレームをコピーまたはカットし、画像とキャプションを配置したい段落にペーストします。

画像とキャプションのブロックをインライングラフィックとしてペーストする場合、配置したい位置の先頭にある段落の行頭にペーストします。

4　画像とキャプションの位置調整

画像とキャプションをインライングラフィックとしてペーストできたら配置位置を調整します。［選択］ツールで画像とキャプションを配置したテキストフレームを選択し、［オブジェクト］メニュー→［アンカー付きオブジェクト］→［オプション］を選択します。［アンカー付きオブジェクトオプション］ダイアログが表示されたら、［親文字からの間隔］、［アンカー付きオブジェクト］の［基準点］、［アンカー付き位置］の［基準点］、［X基準］、［Y基準］を設定して［OK］をクリックします。

ここでは、例として［親文字からの間隔］を「カスタム」、［アンカー付きオブジェクト］の［基準点］を「右上」、［アンカー付き位置］の［基準点］を「中右」、［X基準］を「ページマージン」、［Y基準］を「仮想ボディの上」、［段の上下協会内に納める］を「オフ」に設定します。

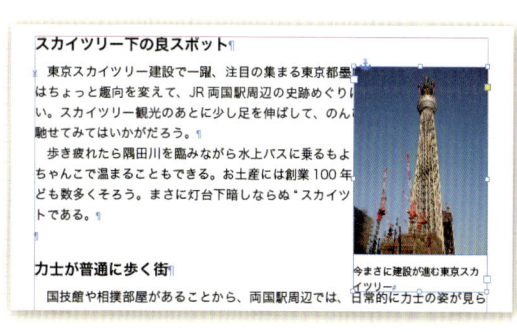

5 画像とキャプションの回り込み設定

画像とキャプションの位置を調整できたらテキストフレームに回り込みの設定をします。［選択］ツールで画像とキャプションを配置したテキストフレームを選択し、［テキストの回り込み］パネルで回り込み方法、［左オフセット］、［右オフセット］、［回り込みオプション］などのオプションを設定します。

ここでは、例として回り込み方法を「境界線ボックスで回り込む」、［左オフセット］を「15px」に設定します。

6 HTMLとCSSの設定

EPUBを書き出して、内包されているHTMLおよびCSSを修正して画像とキャプション部分のレイアウトを調整します。

EPUBに内包されているXHTMLでは、画像とキャプションを囲むdivタグにclass属性を追加します。CSSでは、divに設定したclass属性のスタイルを追加し、相対値でdivの横幅、回り込んだテキストとのマージン、floatなどの属性を設定します。

HTMLの修正例

```
<div class="r30">
    <img alt="東京スカイツリー" src="../Images/special_01.jpg" width="100%" />
    <p class="cap">今まさに建設が進む東京スカイツリー</p>
</div>
```

CSSの設定例

```
.r30 {
    float: right;
    padding: 0;
    margin: 0 0 10px 10px;
    width: 30%;
}
```

動画の配置

EPUB 2.0では正式には動画のサポートはされていません。しかし、iBooksをはじめ一部のビューアではvideoタグによる動画の利用をサポートをしています。iBooksで対応している動画形式はH.264形式のmp4で、videoタグで指定するだけで簡単に動画を埋め込みことができます。

なお、InDesignに動画を貼り込んでEPUBを書き出した場合、動画は無視されて書き出されます。そのため、EPUBを書き出したあとで内包されているXHTMLを修正して埋め込む必要があります。ここで紹介する動画の貼り込み方法は、InDesignに動画を貼り込む基本的な方法と考えてください。

1 動画の配置

［長方形フレーム］ツールでドキュメント上の任意の位置にグラフィックフレームを作成して、［ファイル］メニュー→［配置］を選択します。

グラフィックフレームを作成したら大きさを調整してインライングラフィックにします。その際、動画の再生サイズの縦横比が崩れないように注意してください。

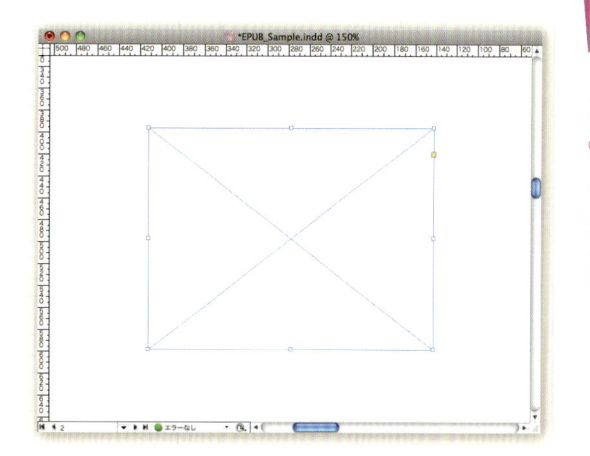

2 動画の配置

作成したグラフィックフレームが選択されているのを確認して、［配置］ダイアログが表示されたら、配置したい動画ファイルを選択して［開く］をクリックします。

グラフィックフレームを選択しない状態で動画を読み込むと、マウスポインタが配置可能状態になります。その場合は、グラフィックスレームをクリックして動画を配置します。

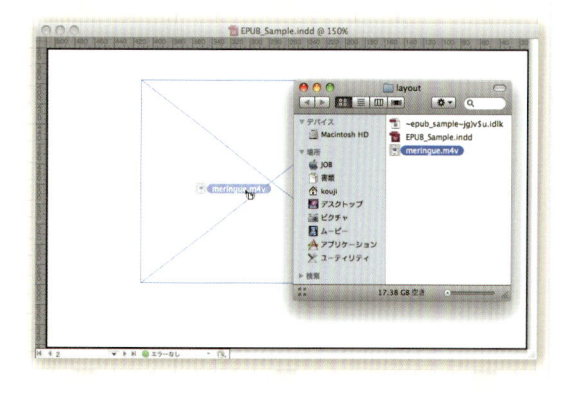

3　動画のサイズ調整

［オブジェクト］メニュー→［オブジェクトサイズの調整］→［内容を縦横比に応じて合わせる］、［フレームに均等に流し込む］、［フレームを内容に合わせる］などを使って、配置した動画の大きさおよびフレームの大きさを調整します。

動画のサイズ調整は、あくまでもレイアウト上での大きさの調整です。EPUBに表示させる大きさの調整は、EPUBを書き出した後でCSSで設定します。

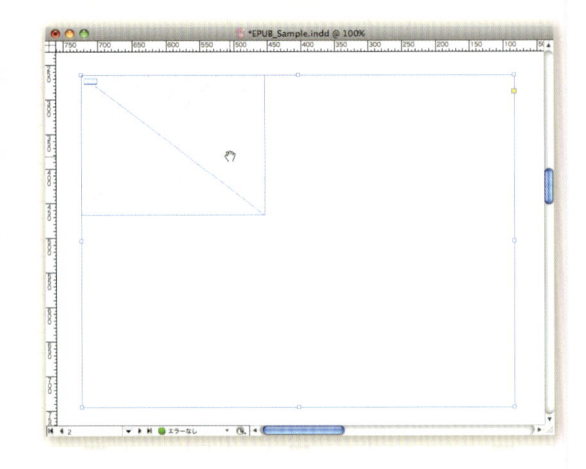

4　ポスター画像と制御パネルの設定

［メディア］パネルをの［ポスター］および［制御パネル］でポスター画像とを設定します。

ポスター画像は、動画を再生する前に表示されている画像のことで、任意の画像をポスター画像にしたり、動画の中の任意のシーンをポスター画像にすることができます。ここでは、［ポスター］を「現在のフレームから」、［制御パネル］を「SkinOverAll」に設定します。

6 動画をインライングラフィックスで配置

動画のポスターと制御パネルなどを設定したら、動画を表示したい位置にインライングラフィックスとして配置します。

必要に応じてテキストフレームを入れ子にするなどしてレイアウトを整えます。

5 XHTMLの修正

動画をリンクするには、書き出したEPUBを解凍して内包されているHTMLに「<video src="動画までの相対パス" />」を追記します。また、必要に応じてwideで動画の幅、heightで動画の高さ、controlsで制御パネルの表示／非表示のオプションを記述します。

ここでは、divで動画とキャプションを囲んだHTMLに動画を埋め込んだ例を紹介します。

修正前のXHTML

```
<div class="stp_t">
        卵白を泡立て、角が立ってきたら砂糖を3回に分けて加えながら混ぜる。
                <p>メレンゲの泡立て方</p>
</div>
```

修正後のXHTML

```
<div class="stp_t">
        卵白を泡立て、角が立ってきたら砂糖を3回に分けて加えながら混ぜる。
                <p>メレンゲの泡立て方</p>
                <video src="../Images/meringue.m4v" controls="true" width="100%" height="auto" />
</div>
```

3　画像の配置と品質

画像を異なる形式に貼り替える方法

既存の印刷用データの画像

　新規でEPUB書き出し用ドキュメントを作成する場合は、貼り込み画像のファイル形式をJPEGやPNGにしておくことで再リンクの問題を回避することができます。また、あらかじめリサイズなどの最適化をした画像を配置して、EPUBに書き出すときに［Digital Editions書き出しオプション］ダイアログの［フォーマット］をオフに設定すれば、InDesignで最適化せずにEPUBに画像を含めることができます。

　しかし、印刷用に作成されたデータからEPUBに書き出す場合は、印刷物の作成では一般的に広く使われているPSDやAI形式の画像が貼り込まれています。これらの画像をJPEGやPNGに変換するには、InDesignにフォーマットさせて書き出すか、事前に異なるファイル形式に貼り替えてからフォーマットをせずに書き出す必要が出てきます。

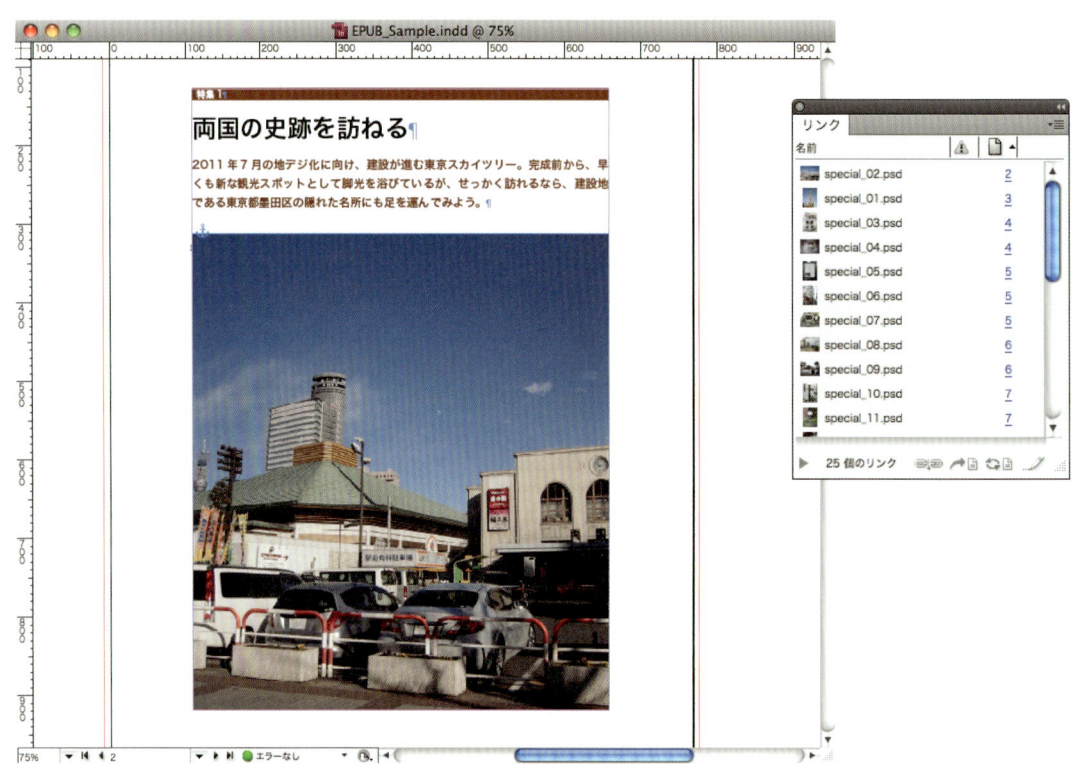

PSDの画像を貼り込んだドキュメント

［フォルダに再リンク］を利用

　そのような場合に役に立つのが［リンク］パネルメニュー→［ファイル拡張子にリンクを再設定］または［フォルダに再リンク］です。

　［リンク］パネルメニュー→［ファイル拡張子にリンクを再設定］を使って異なる形式のファイルを再リンクするには、リンク画像が保存されているフォルダにファイル名が同じで異なる形式のファイルを保存します。続いて、［リンク］パネルメニュー→［ファイル拡張子にリンクを再設定］を選択します。［ファイル拡張子にリンクを再設定］ダイアログが表示されたら、［ファイル名拡張子拡張子にリンクを再設定］に再リンクするファイル形式の拡張子を入力して［リンクを再設定］をクリックするだけで異なる形式のファイルに再リンクできます。

　また、［リンク］パネルメニュー→［フォルダに再リンク］で異なるファイル形式に再リンクするには、再リンクしたい画像を任意のフォルダに保存しておきます。次に、［リンク］パネルメニュー→［フォルダに再リンク］を選択して、［フォルダーを選択］ダイアログが表示されたら、再リンクする画像が保存されているフォルダを選択します。続いて、［次の拡張子でファイル名が一致する］をオンに設定し、テキストフィールドに拡張子を入力して［選択］をクリックします。

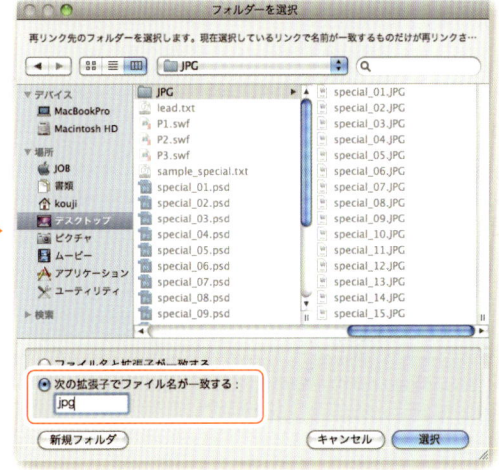

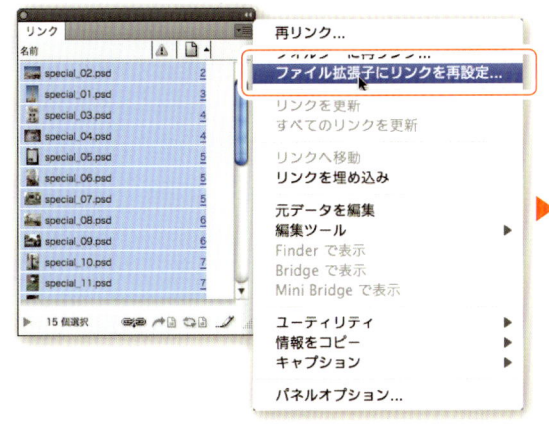

4　EPUBの書き出しとソースの修正

目次の作成

EPUBを書き出す場合、[目次]ダイアログで設定した目次のレベルがh1やh2などのタグに変換され、ドキュメントで設定した段落スタイル名がclass名になってます。目次を作成しないでEPUBを書き出した場合は、段落スタイル名がpタグなどのclass名として書き出されます。そのため、EPUBを書き出す前には目次の作成が必須の作業となります。

1　目次用ページの追加

[ページ]パネルを使ってドキュメントの先頭に目次用のページを追加します。ドキュメントにページを追加するには、[ページ]パネルメニュー→[ページを挿入]を選択して[ページを挿入]ダイアログでページを追加する位置を指定するか、[ページ]パネルの上段にあるマスターアイコンをページを挿入したい位置にドラッグ＆ドロップします。

ここでは、[ページ]パネルメニュー→[ページを挿入]を使ってページを追加します。

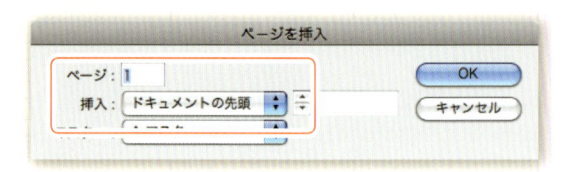

2　目次に書き出すスタイルの登録

[レイアウト]メニュー→[目次]を選択し、[目次]ダイアログが表示されたら[タイトル]に任意のタイトルを入力します。続いて、[目次のスタイル]にある右のリストで目次として書き出したい段落スタイルを選択して[追加]をクリックします。同様の手順で目次に含めたい段落スタイルをすべて登録します。

ドキュメントをブックでまとめている場合は、[ブックのドキュメントを含む]にチェックを入れます。また、目次タイトルを設定しない場合は、テキストフィールドに何も入力しないで空にします。

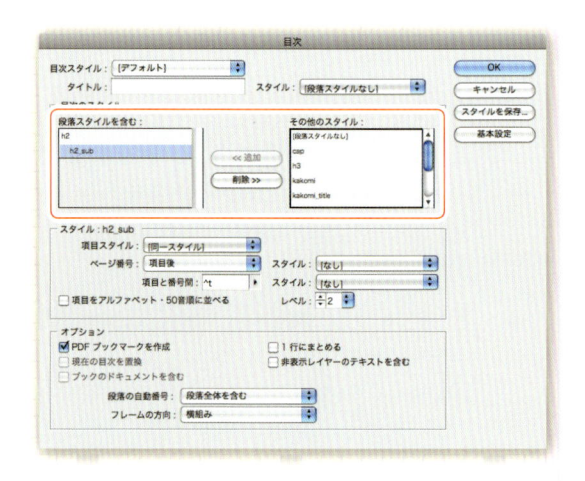

3 目次レベルとスタイルの設定

目次に書き出す段落スタイルを登録できたら、左のリストで登録した段落スタイルを選択し、［項目スタイル］を「段落スタイルなし」、［ページ番号］を「ページ番号」なし、［レベル］を書き出したい見出し用タグのレベルに設定します。同様の手順で登録した段落スタイルのレベルを設定します。

［項目スタイル］および［ページ番号］のオプションは、ビューアが自動で設定するので書式やページ番号を追加しないように設定します。ここでは、見出し用のタグに変換する［レベル］の設定がもっとも重要になります。

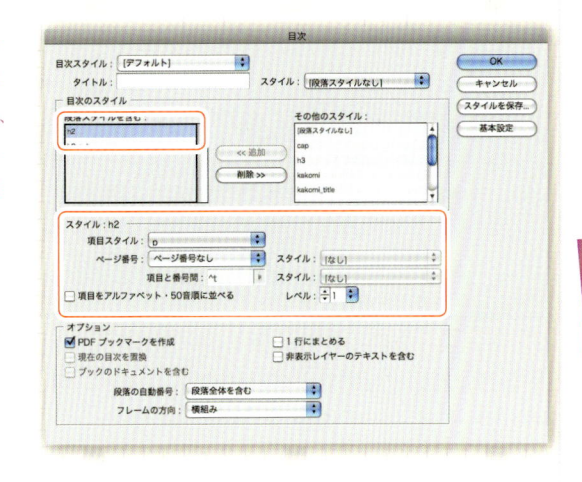

4 目次の書き出し

登録した段落スタイルにレベルを設定できたら［OK］をクリックし、マウスポインタがテキストを配置可能状態になったら、手順1で追加したページの任意の位置をクリックして目次のテキストを配置します。

目次テキストを配置できたら、ドキュメントを保存してEPUBを書き出します。

EPUBの書き出し

EPUBを書き出すには、［ファイル］メニュー→［書き出し先］→［EPUB］を選択して、［Digital Editions 書き出しオプション］ダイアログで各オプションを設定します。なお、ドキュメントを複数にわけてブックでまとめている場合は、ブックパネル→［ブックをEPUBに書き出し］を選択します。

1　ファイル名と保存先の設定

［ファイル］メニュー→［書き出し先］→［EPUB］を選択して、［別名で保存］ダイアログが表示されたら［名前］に任意のファイル名を入力し、保存先を設定して［保存］をクリックします。

ここでは、例として［名前］を「Sample.epub」、保存先をデスクトップに設定しました。

2　EPUB書き出しの基本設定

［Digital Editions書き出しオプション］ダイアログが表示されたら、［一般］にある［eBook］でEPUBに含める出版社名などのメタデータ、［箇条書き］でドキュメント中で使用されている箇条書きの書き出し方を設定します。ここでは、例として［記号］を「番号なしリストにマップ」、［番号］を「番号付きリストにマップ」に設定します。

［箇条書き］で「テキストに変換」を選択すると、通常のテキストに変換されてpタグで書き出されます。なお、［記号］はulタグ、［番号］はolタグで書き出すかどうかの設定と考えるといいでしょう。

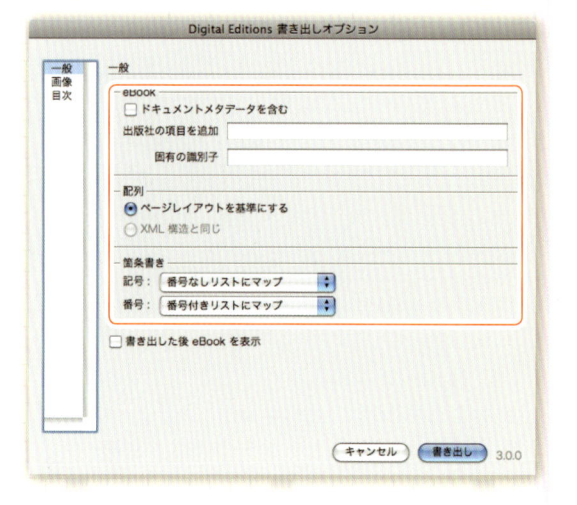

3　画像書き出しの設定

［Digital Editions書き出しオプション］ダイアログの左のリストで［画像］を選択し、ダイアログの表示が変わったら［フォーマット］で画像を自動的に変換するかどうかを設定します。［フォーマット］を「オン」に設定した場合は、［画像変換］で書き出すファイル形式、［GIFオプション］および［JPEGオプション］で画質の設定をします。ここでは［フォーマット］を「オフ」に設定します。

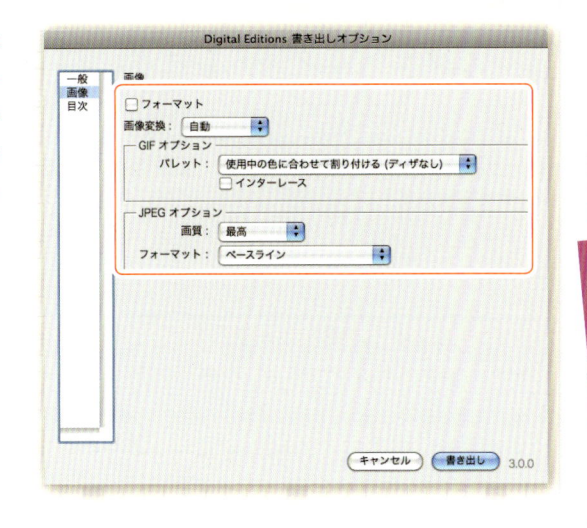

4　目次の設定

続いて、左のリストで［目次］を選択して、ダイアログの表示が変わったら［ePubコンテンツの形式］で内包されるコンテツファイルの形式、［目次］でドキュメントに作成した目次を含めるかどうか、［CSSオプション］でCSSを書き出すかどうかの設定をします。ここでは、［ePubコンテンツの形式］を「XHTML」、［目次］の［InDesignの目次を含む］を「オン」に設定、［CSSオプション］で［ローカルオーバーライドを含む］と［埋め込みフォントを含む］を「オフ」に設定して［書き出し］をクリックします。
［埋め込みフォントを含む］を設定するとドキュメントに使用されているフォントをEPUBに含めることができます。しかし、使用しているフォントによってはフォントを埋め込むと使用許諾に違反してしまう可能性があるので、基本的には埋め込まないで書き出す方がよいでしょう。

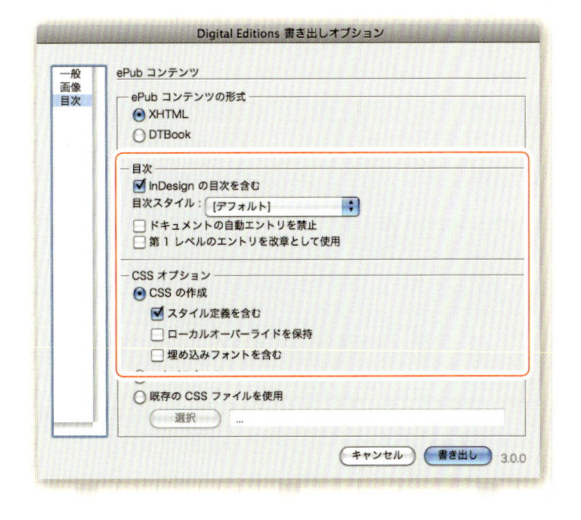

Sigilを使った
EPUBの修正と編集

書き出したEPUBを編集するもっとも簡単な方法はSigilを使って編集する方法です。Sigilはさまざまなプラットフォーム向けにリリースされているドネーションウェアです。
ここでは、Sigilを使ってEPUBを編集する際に使用する基本的な機能の使用方法について解説します。

1 書き出したEPUBを開く

書き出したEPUBをSigilで編集するには、[File]メニュー→[Open]を選択して[Open File]ダイアログで編集したいEPUBを選択して[Open]をクリックします。
また、Sigilのアプリケーションアイコンに書き出したEPUBをドラッグ&ドロップしても開くことができます。

SigilでEPUBを開くと、左に内包されているファイルがリストアップされ、右に内包されているXTMLのプレビューが表示されます。プレビューは[View]メニュー→[Book View]、[Spilit View]、[Code View]のいずれかを選択することで表示を変更できます。

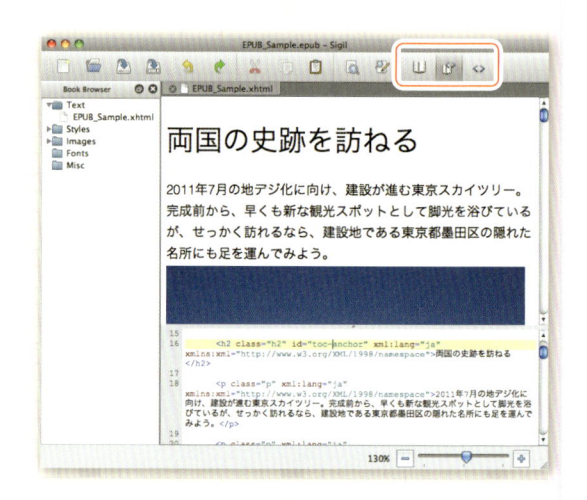

2 XHTMLを分割する

内包されているXHTMLを任意の位置で分割したい場合は、分割したい位置にカーソルを入れて[Insert]メニュー→[Chapter Brake]を選択します。
[Insert]メニュー→[Chapter Brake]を選択すると、カーソルを入れていた位置でXHTMLが分割されて左のリストにファイルが追加されます。

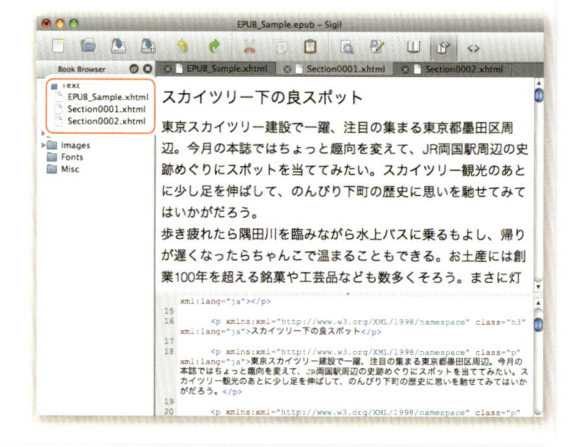

3 タグの修正

タグを修正する場合は、表示モードをSplit ViewまたはCode Viewに変更してタグを修正します。ここでは、例として検索・置換を使って不要な要素を削除してみましょう。［Edit］メニュー→［Replace］を選択し、ダイアログが表示されたら［Find what］に検索する文字列、［Replace with］に置換する文字列を入力して［Find Next］をクリックします。該当する文字が検索されてハイライト表示されたら［Replace］または［Replace All］をクリックします。

ここでは、検索文字列を「xmlns:xml="http://www.w3.org/XML/1998/namespace" class="p" xml:lang="ja"」、置換文字列を「p」に設定して、Pタグに含まれている不要な属性を削除します。

修正前のXHTML

修正後のXHTML

4 CSSの表示

CSSは左のリストのStylesフォルダに入っています。ここでは、例として手順3で行った修正に合わせて、CSSに登録されているスタイルを修正してみましょう。左のリストのStylesフォルダをダブルクリックして展開して、CSSファイルが表示されたらダブルクリックします。

フォルダを開く場合は、フォルダの左に表示されている→をクリックしてもフォルダを展開することができます。

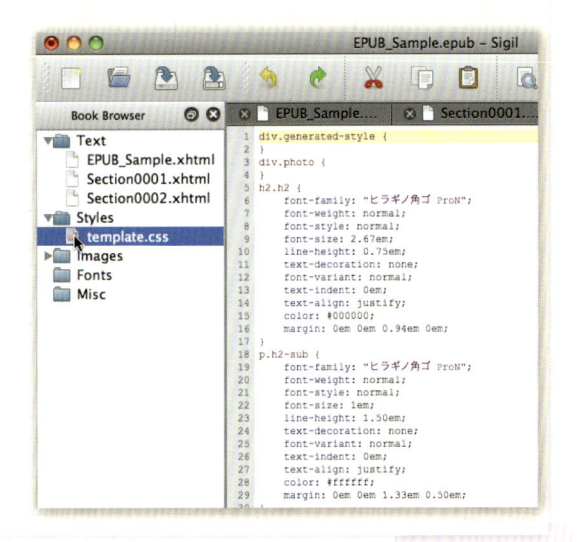

InDesignで作る電子書籍EPUB&PDF完全ガイド

5 CSSの表示

CSSファイルが表示されたら、スタイル名が「p.p」になっている行を探して「p」に修正します。また、必要に応じてfont-size、line-heightなどのオプションを変更します。

「p.p」はpタグでcalss属性がpという意味があります。

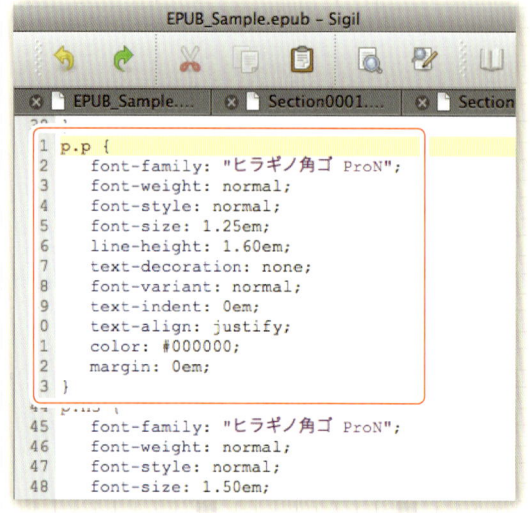

修正前のCSS

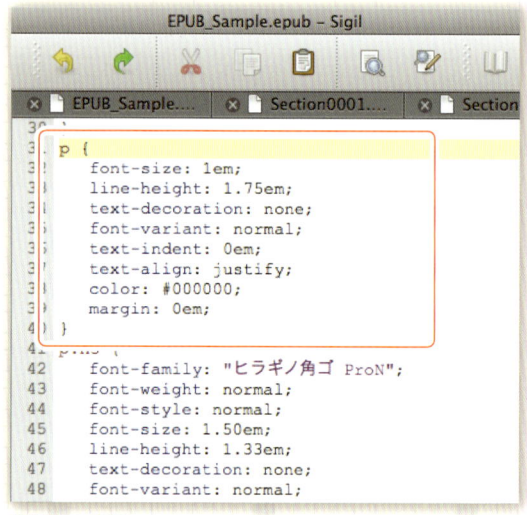

修正後のCSS

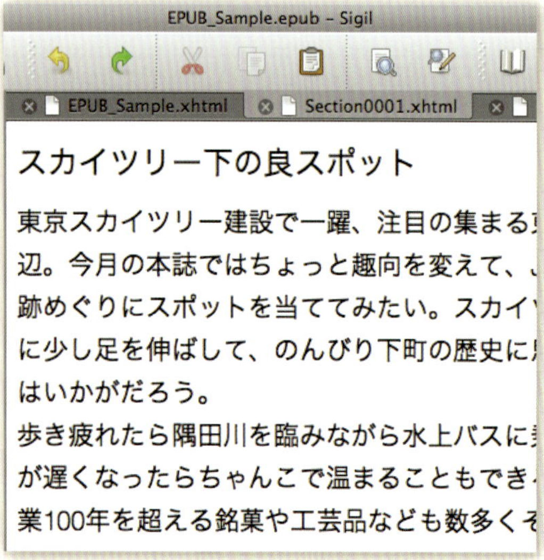

修正前のプレビュー

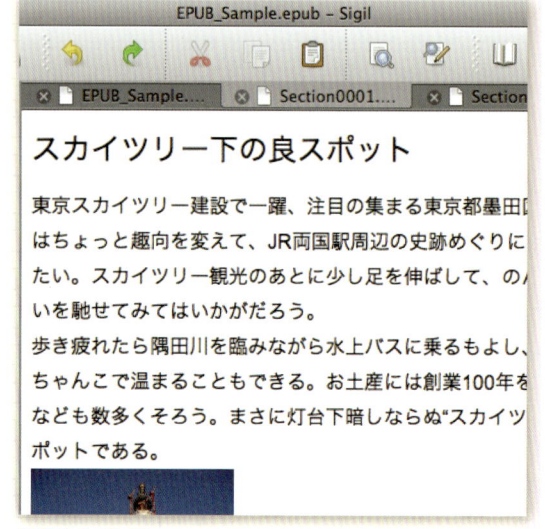

修正後のプレビュー

POINT

修正ポイント

修正が必要なタグに含まれる不要な記述と修正例です。XHTMLを修正する場合の参考にしてください。

主に修正が必要な点は、各タグにlang属性が含まれているので、削除してhtmlタグ内に記述します。また、InDesignで設定した段落スタイル名がclass属性として記述されているので、必要に応じてpタグを削除したりclass属性を削除します。

修正前の状態	修正内容
`<html xmlns="http://www.w3.org/1999/xhtml">`	htmlタグにlang属性を追加
`<h2 class="h2" id="toc-anchor" xml:lang="ja" xmlns:xml="http://www.w3.org/XML/1998/namespace">`	h1〜h6タグのclass属性とlang属性を削除 修正後の状態：`<h2>`
`<p class="p" xml:lang="ja" xmlns:xml="http://www.w3.org/XML/1998/namespace">`	pタグのclass属性とlang属性を削除 修正後の状態：`<p>`
`<p class="p" xml:lang="ja" xmlns:xml="http://www.w3.org/XML/1998/namespace"><span class="generated-style"><img alt="special_02.psd" class="generated-style" src="../Images/special_02_fmt.jpeg" /></span></p>`	imgタグを囲むpタグおよびspanタグを削除し、imgタグのclass属性を削除 修正後の状態：`<img alt="special_02.psd" src="../Images/special_02_fmt.jpeg" />`
`<span class="photo">〜</span>`	spanの開始タグおよび閉じタグを削除

4　EPUBの書き出しとソースの修正

テキストエディタなどを使った EPUBの修正と編集

EPUBを解凍してテキストエディタやDreamweaverなどのHTMLエディタでEPUBに内包されているXHTMLを編集する場合は、書き出したEPUBの拡張子をzipに変更して圧縮・解凍ユーティリティなどで解凍します。ここでは、動画を埋め込むためにテキストエディタで編集をする例を紹介します。

1　EPUBの解凍

書き出したEPUBの拡張子を「.epub」から「.zip」に変更して、圧縮・解凍ユーティリティで解凍します。
解凍してできたフォルダの中には「mimetype」というファイルと「META-INF」と「OEBPS」というフォルダが保存されています。XHTMLおよびCSSはOEBPSフォルダに保存されています。

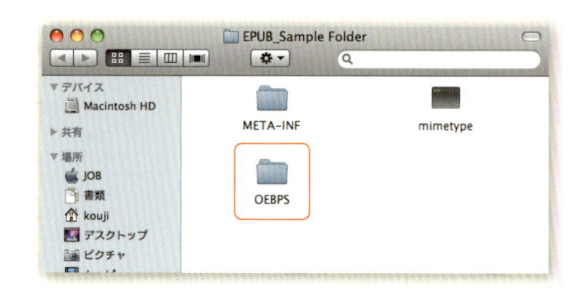

2　XHTMLの修正

テキストエディタでXHTMLを開き、動画を埋め込む位置にvideoタグを使って「`<video src="動画までの相対パス" />`」のように、動画までのファイルパスおよびオプションを記述します。
相対パスとは、目的のファイルやフォルダが保存されている位置を示す方法のひとつです。起点となる現在の位置（XHTML）から目的のファイル（動画）までの階層を記述する方法です。

相対パスでは、フォルダの区切りを「/」で表記します。また、現在と同じ階層を「.（ピリオド）」、ひとつ上の階層を「..（ピリオド2つ）」で表記します。例えば「../Images/meringue.m4v」と記述した場合は、XHTMLが保存されているフォルダの1つ上の階層にある「Images」フォルダの中の「meringue.m4v」という意味になります。

3 ファイルの追加

OEBPSフォルダ内のXHTMLに記述した場所に動画ファイルを追加します。ここでは、OEBPSフォルダ内にある「Images」フォルダに「meringue.m4v」を追加します。

ファイルを追加する場合は、XHTMLに記述したパスと異なる位置に追加すると、リンク切れにより正しく表示されないので注意してください。

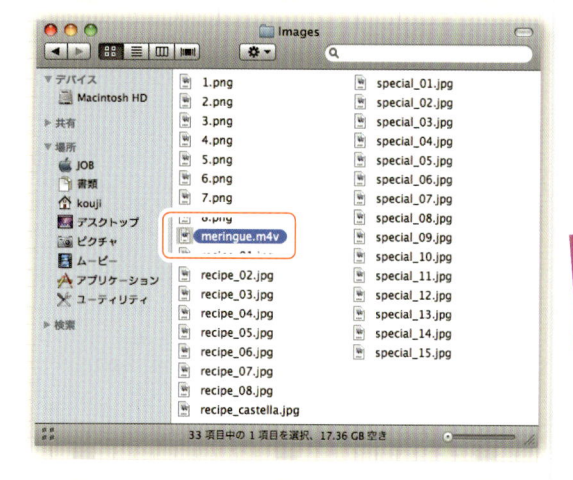

4 ファイルリストの修正

ファイルを追加したら、OEBPSフォルダ内にあるOPFファイルに追加した動画ファイルを追記します。ここでは、「meringue.m4v」を尽かしたファイルパスと任意のidを「content.opf」に追記します。

OPFファイルは、EPUBに関するメタデータやEPUBに含まれる画像などのファイルを記述したファイルです。

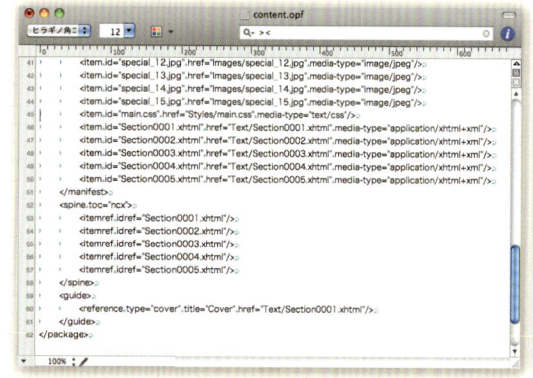

修正前の状態

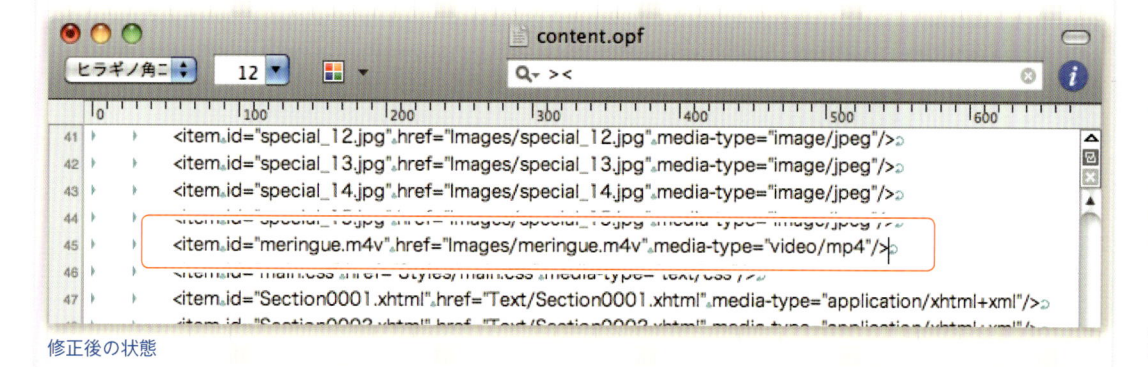

修正後の状態

5 目次ファイルの修正

EPUBの目次に表示されるテキストを編集したい場合は、OEBPSフォルダの中にあるNCXファイルを編集します。ここでは、「toc.ncx」を編集して目次に表示されるテキストを編集します。

目次はNCXファイルの<text>タグで囲まれたテキストが表示されます。

修正前の状態

修正後の状態

6 EPUBとして圧縮

EPUBの編集が終わったら、圧縮・解凍ユーティリティなどを使って圧縮してEPUBにします。

EPUBに圧縮する場合は、フォルダの第一階層にある「mimetype」は圧縮しないで「.zip」形式で圧縮します。

Part 3
InDesignでインタラクティブPDFを作る

1　マルチメディアコンテンツとしてのPDF

通常のPDFとの違い

このPartでは、InDesign CS5を使ってインタラクティブPDFを作成する方法について解説します。インタラクティブPDFは、動画やスライドショーなどを埋め込んだPDFです。

インタラクティブPDFとは

　インタラクティブPDFは、動画やスライドショー、ページ切り替え時のトラジション（ページ効果）などを埋め込んだPDFです。従来のPDFを静的（動きがない）なPDFと考えると、動画やスライドショーなどによる動的なPDFがインタラクティブPDFといえます。

　InDesign CS5では、［書き出し］ダイアログの［フォーマット］に「Adobe PDF（プリント）」と「Adobe PDF（インタラクティブ）」の2種類のPDF形式が用意されています。

　なお、インタラクティブPDFの表示・再生には、AcrobatまたはAdobe ReaderのVer.9以降が必要になります。Ver.8.xでもページ効果を再生できますが、埋め込まれた動画やアニメーションを再生することはできません。また、古いバージョンのAcrobatやAdobe ReaderでインタラクティブPDFを開こうとした場合、正しく表示できない可能性があることを警告するメッセージが表示されます。

InDesign CS5の［書き出し］ダイアログ（［ファイル］メニュー→［書き出し］）

Acrobat 8でインタラクティブPDFを開いたときに表示されるメッセージ

インタラクティブPDFを作成する場合の注意点

文字の属性に注意

　インタラクティブPDFを閲覧する場合、ページ効果などのPDFに設定されているインタラクティブ機能を最大限に再生するには、フルスクリーンモードでPDFを表示する必要があります。

　そのため、本文や画像のキャプションの文字サイズは、できるだけ画面を拡大表示しなくても判読できる大きさに設定しておく方がよいでしょう。PDFを開いたときの表示のされ方なども演出の一部として設定しておくなど、紙媒体のドキュメントを作成する場合とは異なる配慮が必要になります。

カラーモードとサイズの単位

　インタラクティブPDF用のドキュメントを作成する場合は、テキストやオブジェクトのカラーをRGBで設定することに注意が必要です。また、テキストやオブジェクトの大きさおよび線の幅などのサイズ指定の単位は、ピクセル（px）を使う方がより正確なレイアウトをおこなうことができます。

［ページ効果］を設定したPDFをフルスクリーンモードで表示してページを変更した状態

2 ドキュメントの作成

新規ドキュメントの作成

実際にインタラクティブPDFを作成してみましょう。
ここでは、仕上がりサイズが「1024×768」pxの新規ドキュメントを作成します。

1 ドキュメントプロファイルの設定

［ファイル］メニュー→［新規］→［ドキュメント］を選択して、［新規ドキュメント］ダイアログが表示されたら［ドキュメントプロファイル］から「Web」を選択します。
［ドキュメントプロファイル］を「Web」に設定すると、ドキュメントのカラースペースがRGBになります。

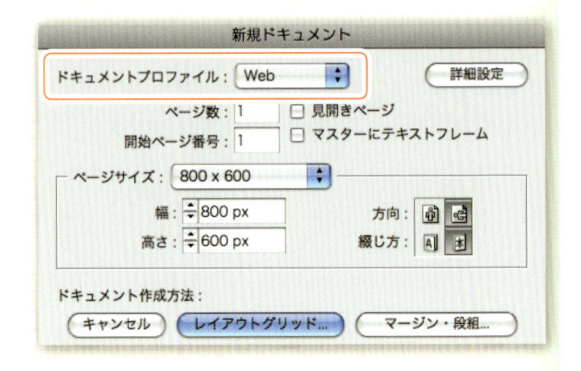

2 ページサイズ

続いて、［ページサイズ］から「1024×768」を選択して、［方向］を「横置き」、［綴じ方］を「左綴じ」に設定して［レイアウトグリッド］をクリックします。
ここでは、テキストが多いドキュメントを作成するため、［レイアウトグリッド］でドキュメントを作成します。

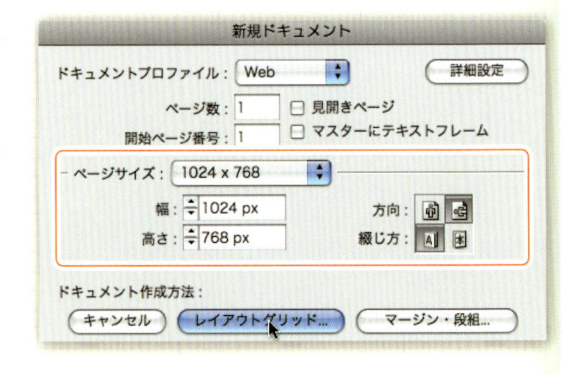

3 レイアウトグリッドの書式と位置の設定

[新規レイアウトグリッド]ダイアログが表示されたら、[フォント]を「小塚ゴシック Pro L」、[サイズ]を「11px」、[行間]を「7px」、[段間]を「22px」、[段数]を「5」、[行内文字数]を「15」、[行数]を「38」、[グリッド開始位置]を「小口ノド中央」に設定して[天]を「46px」に設定して[OK]をクリックします。

ドキュメントを作成できたら、任意の場所とファイル名を設定して保存します。

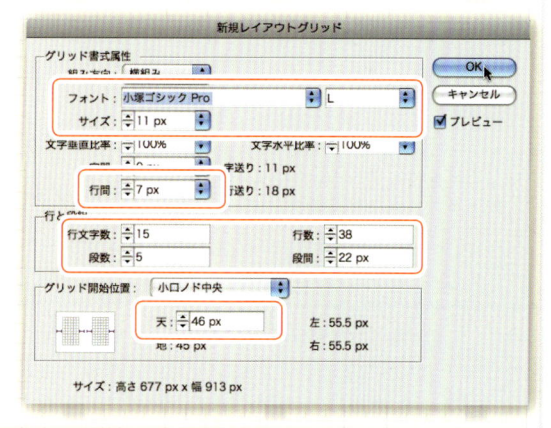

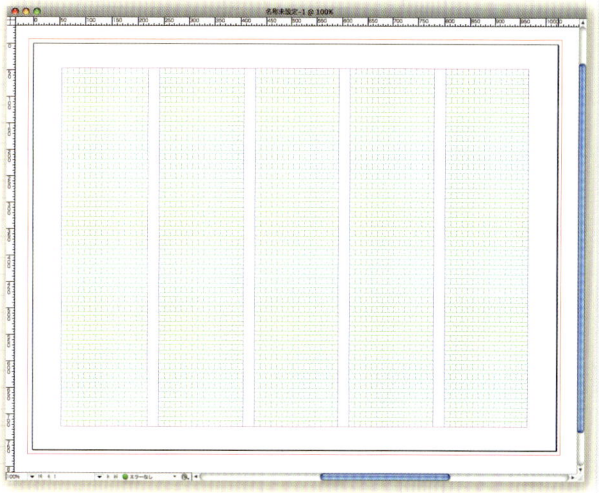

POINT

単位の変更

定規やテキストなどのサイズの単位は、[InDesign]メニュー→[環境設定]→[単位と増減値](Windowsは[編集]メニュー→[環境設定]→[単位と増減値])を選択して、[環境設定]ダイアログの[単位と増減値]で変更することができます。

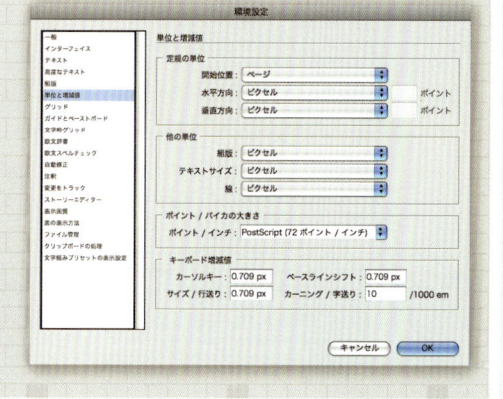

マスターページの作成と
レイアウトの作成

マスターページに各ページに共通するデザインアイテムを作成して、ドキュメントページにテキストを配置します。マスターページの作成方法は印刷物用のレイアウトを作成するのと同じ方法で作成できます。ここでは、例としてマスターページに自動ページ番号の設定と柱文字の設定をします。

1 自動ページ番号用のテキストフレーム作成

［ページ］パネルの上部にあるマスターアイコンをダブルクリックしてマスターページを表示し、［文字］ツールでページ番号用のテキストフレームを作成します。
テキストフレームを作成したら大きさと位置を調整します。

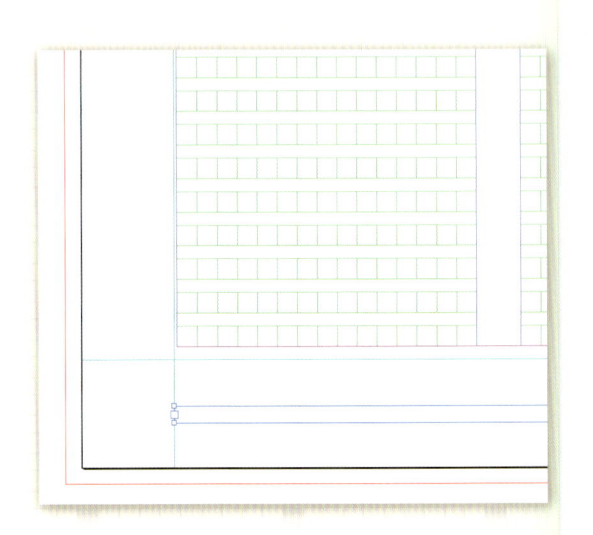

2 自動ページ番号の特殊文字を入力

作成したテキストフレームにテキスト挿入点を入れて、［書式］メニュー→［特殊文字の挿入］→［マーカー］→［現在のページ番号］を選択します。特殊文字が入力できたらフォントや文字サイズなどの書式を設定します。
特殊文字が入力されるとマスターページに設定されているプレフィックス（A-マスターの場合は「A」）が入力されます。

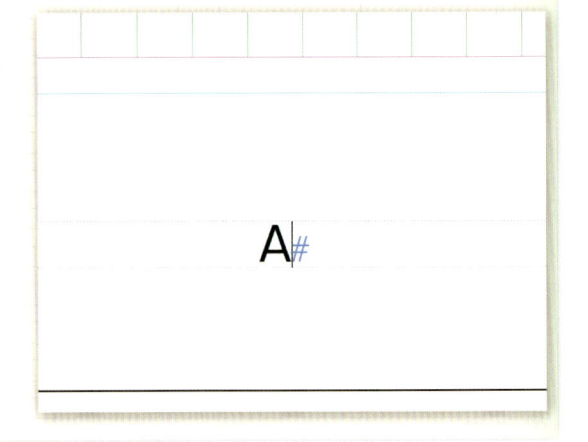

3 柱文字の設定

ページ番号の設定と同様に、［文字］ツールで任意の位置にテキストフレームを作成し、［書式］メニュー→［特殊文字の挿入］→［マーカー］→［セクションマーカー］を選択します。セクションマーカーが入力されたら書式を設定します。

セクションマーカーが入力されると「セクション」の文字が入力されます。なお、柱文字に設定するテキストは、［ページ］パネルメニュー→［ページ番号とセクションの設定］を選択して、［ページ番号とセクションの設定］ダイアログの［セクションマーカー］に入力します。

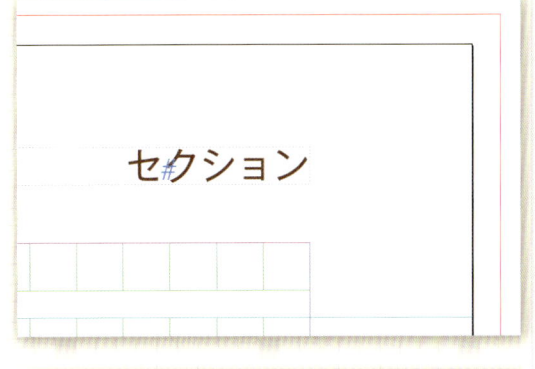

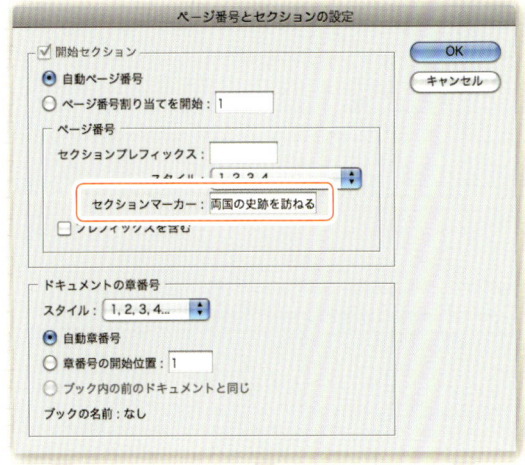

4 レイアウトの作成

テキストや画像などのオブジェクトを配置してレイアウトを作成します。

レイアウトを作成できたらインタラクティブ機能を使ってアニメーションやスライドショーを設定します。

アニメーションの設定

テキストや画像などのオブジェクトは、フェードインなどのオブジェクトの表示のされ方やオブジェクトを移動するアニメーションを設定できます。ここでは、テキストにフェードインのアニメーションしてみましょう。

1　アニメーションの設定

［選択］ツールでアニメーションを設定したいオブジェクトを選択し、［アニメーション］パネルの［プリセット］から設定したいアニメーションを選択します。ここでは、例として見出しとリードのテキストを配置したテキストフレームに「フェードイン」を設定します。

［アニメーション］パネルは［ウィンドウ］メニュー→［インタラクティブ］→［アニメーション］で表示できます。

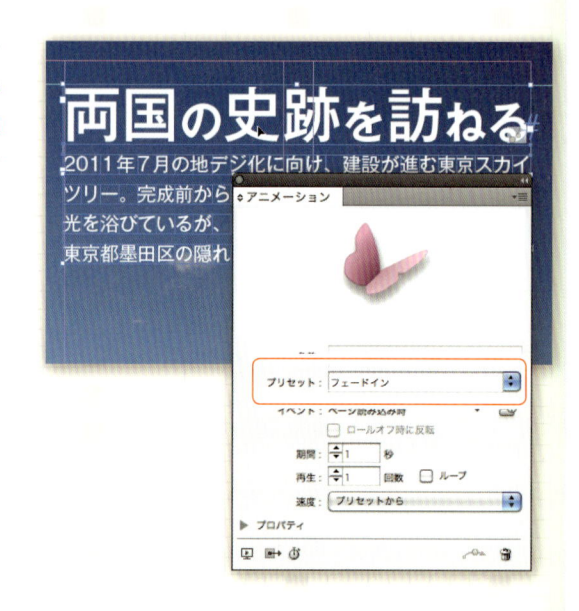

2　アニメーションを再生するイベントの設定

アニメーションの種類を設定したら、アニメーションの再生を開始するイベントを設定します。［アニメーション］パネルの［イベント］のメニューから任意のイベントを選択します。ここでは、「ページ読み込み時」を選択します。

「イベント」を「ページ読み込み時」に設定すると、ページを開いたときに自動でアニメーションが再生されます。

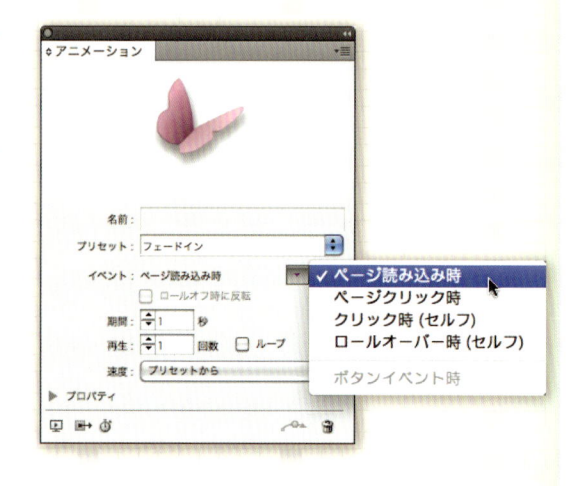

3 再生時間の設定

続いて、設定したアニメーションの再生時間を設定します。テキストフレームが選択されている状態で［アニメーション］パネルの［期間］で再生時間を入力し、必要に応じて［再生］で再生回数、［速度］で再生速度を設定します。ここでは、再生時間を「1」秒に設定します。

［プロパティ］をクリックすると、アニメーションに関する詳細なオプションを設定できます。

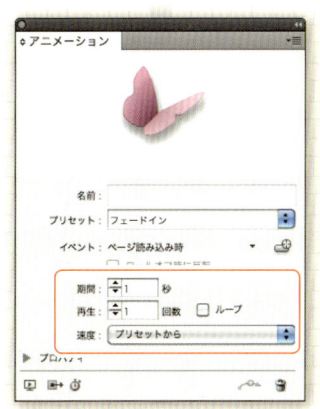

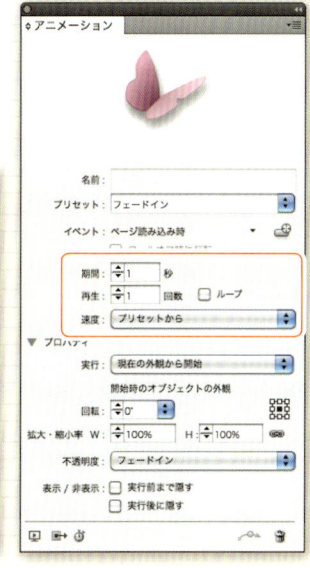

4 アニメーションを再生する順番の設定

同じページに複数のアニメーションを設定してある場合、［タイミング］パネルで再生する順番と再生時の遅延時間を設定できます。［タイミング］パネルの下部にあるリストに表示されているアニメーションをドラッグ＆ドロップして再生したい順番にします。

リストアップされているアニメーションの名前は、［アニメーション］パネルの［名前］で設定を変更できます。

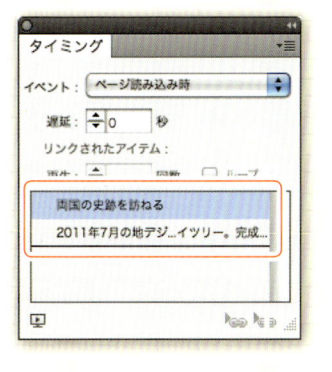

5 アニメーションを再生する遅延時間の設定

アニメーションを再生するイベントおよび前のアニメーションが終了してから次のアニメーションが再生されるまでの遅延時間を設定します。［タイミング］パネル下部のリストで遅延時間を設定したいアニメーションを選択して［遅延］に任意の時間を設定します。ここでは、「両国の歴史を〜」のアニメーションの遅延時間を「1」秒、「2011年7月の〜」の遅延時間を「0.5」秒に設定します。
アニメーションの各設定が終了したらプレビューをして仕上がりを確認しましょう。

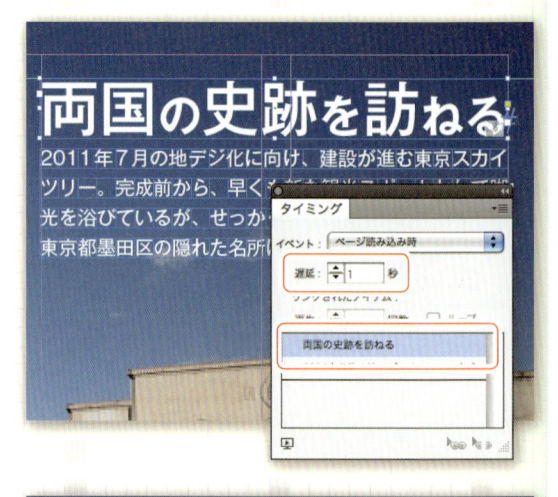

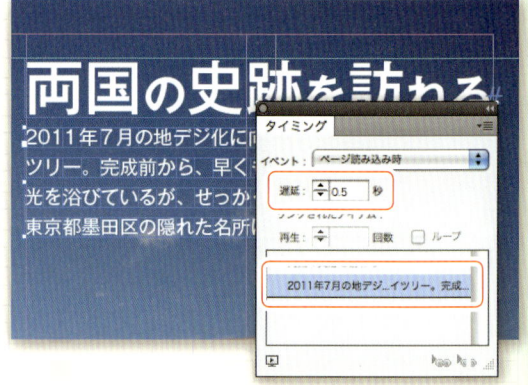

6 アニメーションのプレビュー

［ウィンドウ］メニュー→［インタラクティブ］を選択するか、［タイミング］パネルまたは［アニメーション］パネルの［スプレッドをプレビュー］をクリックします。［プレビュー］パネルが表示されたら、パネル下部にある［プレビューを再生］をクリックします。
［プレビューを再生］をクリックするとパネル内でアニメーションが再生されます。なお、［プレビュー］パネルの右下をドラッグすると、パネルの大きさを自由に変更できます。

POINT

プレビューできない

　プレビューパネルの下部に警告マークが表示されてプレビューできない場合、警告マークにマウスポインタを合わせるとヒントが表示されます。
　アニメーションを設定した場合、[プレビュー設定]ダイアログの[インタラクティビティおよびメディア]が「外観のみ」に設定されていると警告が表示されてプレビューできないので注意が必要してください。[インタラクティビティおよびメディア]の設定を変更するには、[プレビュー]パネルメニュー→[プレビュー設定]を選択します。

[プレビュー]ダイアログに警告マークが表示された状態

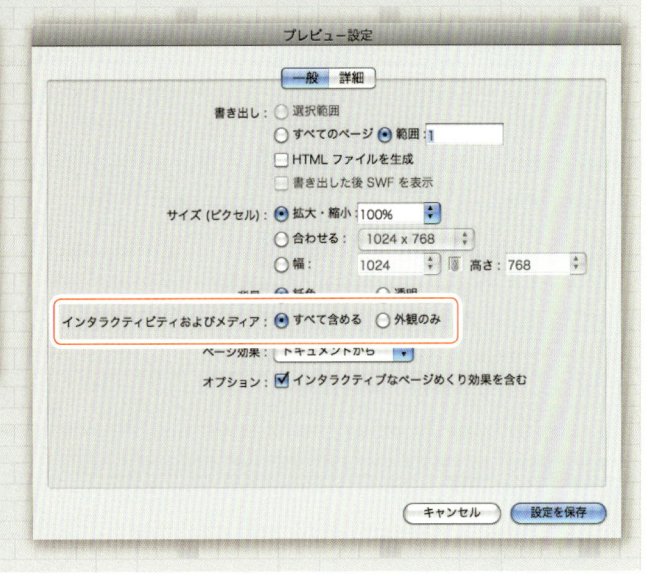

スライドショーの作成

[オブジェクトステート]パネルと[ボタン]パネルと使うと、複数の画像やオブジェクトからスライドショーを作成できます。スライドショーを作成するには、複数のオブジェクトを重ねてオブジェクトステートに登録し、別に作成したボタンで表示するオブジェクトステートの設定をします。ここでは、例として画像と画像のキャプションをオブジェクトステートに登録し、キャプションを表示するボタンを作成する方法を解説します。

1　画像とキャプションの配置

オブジェクトステートに登録する画像とキャプションを配置し、テキストフレームが前面になるように重ねてグループ化します。

必要に応じてフレームやテキストなどのカラーを設定しておきます。なお、テキストフレームと画像フレームをグループ化するには、重ねたフレームを選択して[オブジェクト]メニュー→[グループ]を選択します。

2　オブジェクトステートの作成

グループ化したフレームを選択した状態で[オブジェクトステート]パネルメニュー→[新規ステート]を選択するか、パネル下部にある[選択範囲をマルチステートオブジェクトに変換]をクリックします。

[オブジェクトステート]パネルは[ウィンドウ]メニュー→[インタラクティブ]→[オブジェクトステート]で表示できます。

3　オブジェクト名の設定

［オブジェクトステート］パネルにステートがリストアップされたら［オブジェクト名］に任意の名前を入力します。ここでは、例として「Photo1」に設定します。

［オブジェクト名］で設定する名前は、以降の手順で作成するボタンとリンクさせるときに使用します。名前を設定するときは、どのオブジェクトなのかがわかりやすい名前にするとよいでしょう。

4　オブジェクトステートの編集

［オブジェクトステート］パネルのリストでステートを選択して、オブジェクトの外観に変更を加えます。ここでは、［オブジェクトステート］パネルで「ステート1」を選択し、［ダイレクト選択］ツールでグループ化されているテキストフレームを選択して削除します。また、「ステート2」を選択して画像フレームに線の設定をします。
「ステート1」のグループ化されているテキストフレームを削除する場合、［選択］ツールでダブルクリックしてから削除してもかまいません。

ステート1のオブジェクトの状態

ステート2のオブジェクトの状態

5 ボタンにするオブジェクトの作成

オブジェクトステートの設定ができたら、オブジェクトステートを切り替えるためのボタンを作成します。ここでは、例としてテキストフレームに配置したテキストをボタンにします。テキストフレームを作成し、「❶」と入力して書式を設定します。

ボタンは、テキストだけでなく画像や図形を使っても作成できます。また、[ボタン]パネルメニュー→[サンプルボタン]を選択すると、[サンプルボタン]パネルを表示して、デフォルトで用意されているボタンを利用することができます。

6 ボタンにロールオーバーを設定する

ボタンにするオブジェクトを作成できたら、オブジェクトが選択されている状態で[ボタン]パネル下部にある[オブジェクトをボタンに変換]をクリックします。[ボタン]パネルの[外観]にオブジェクトがリストアップされたら、「ロールオーバー」を選択してオブジェクトのカラーなどの属性を変更します。ここでは、ロールオーバー時のテキストのカラーを「M100％」に設定します。

ボタンに変換したオブジェクトをボタンからオブジェクトに戻したい場合は、[ボタン]パネル下部にある[ボタンをオブジェクトに変換]をクリックします。

ロールオーバー時のテキストのカラーを設定した状態

オブジェクトをボタンに変換／
ボタンをオブジェクトに変換

7 ボタンの名前とイベントの設定

作成したボタンに名前とアクションを実行させる動作（イベント）を設定します。［ボタン］パネルの［名前］に任意の名前を入力し、［イベント］から任意のイベントを選択します。ここでは、［名前］を「ボタン1」、［イベント］を「ロールオーバー時」に設定します。

ボタンの［名前］を設定する場合は、ほかのボタンお名前が重複しないように注意してください。

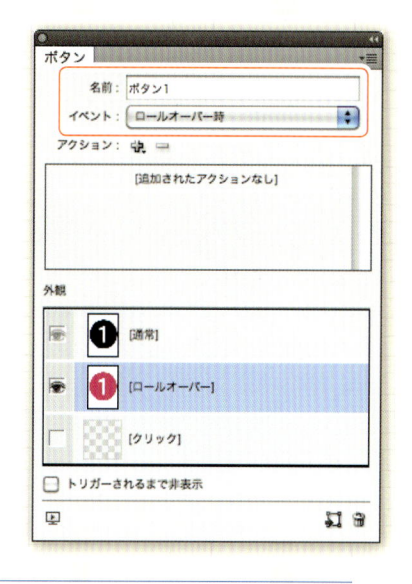

8 アクションの設定

続いて、ボタンに設定したイベントが発生したときに実行する［アクション］を設定します。［アクション］メニューから実行する動作を選択し、必要に応じて［オブジェクト］からアクションを実行するオブジェクトを選択します。ここでは、［アクション］を「次のステート」、［オブジェクト］を手順3で設定した「Photo1」に設定します。

実行させる［アクション］は複数のものを登録できます。複数のアクションを登録した場合は、リストでアクションを選択して動作させるオブジェクトなどを設定します。設定が終わったら［プレビュー］パネルで動作をチェックしましょう。

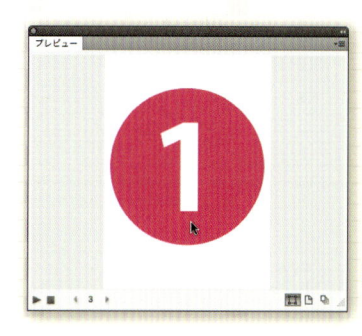

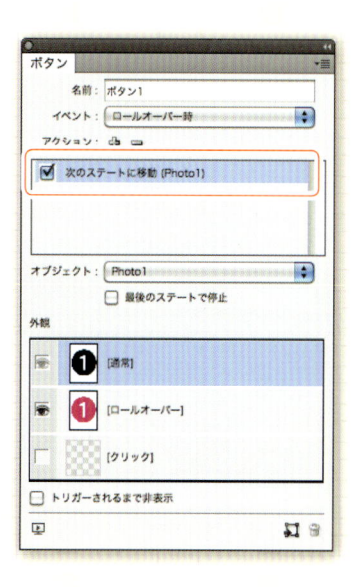

設定したボタンの動作をプレビューした状態

動画を再生する
タイミングの設定

インタラクティブPDFには動画を埋め込むことができ、動画の配置方法や基本的な設定はEPUBと同じです。EPUBと異なるのは、任意のオブジェクトをボタンにして動画を再生したり、別のウィンドウで動画を再生することができる点です。ここでは、ドキュメント上に配置した動画に別のウィンドウで開くオプションの設定方法を解説します。

1　ポスターと制御パネルの設定

ドキュメントに配置した動画を選択して、[メディア]パネルで[ポスター]、[制御パネル]などのオプションを設定します。

ここでは、[ポスター]を「現在のフレームから」、[制御パネル]を「SkinOverAll」に設定し、[ロールオーバー時にコントローラを表示]をチェックします。

2　PDF オプションの設定

続いて、別のウィンドウで動画を表示するオプションを設定します。［メディア］パネルメニュー→［PDFオプション］を選択し、［PDFオプション］ダイアログが表示されたら［フローティングウィンドウでビデオを再生］にチェックを入れます。また、必要に応じて［サイズ］で動画を再生する大きさを設定します。

動画を表示できない場合にメッセージを表示したい場合は、［詳細］に代替テキストを入力します。

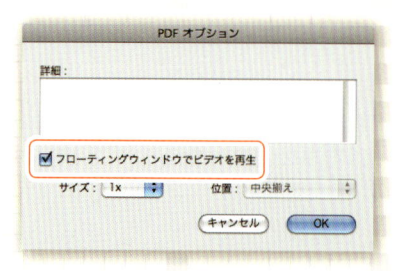

PDFで動画を再生した状態。動画をクリックすると別ウィンドウで開く

POINT

オリジナルの再生ボタン

　ドキュメント上に作成したオブジェクトを動画の再生ボタンにするには、［ボタン］パネルで［イベント］を「クリック時」に設定し、［アクション］を「ビデオ」、［オプション］を「再生」に設定します。同様の方法で「停止」や「一時停止」のボタンも作成することができます。

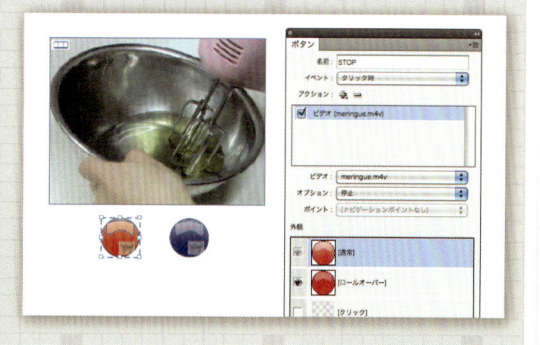

ページ効果の設定

ページ効果はページを移動するときに表示されるアニメーションで、PDFをフルスクリーン表示にしているときにだけ再生されます。ページ効果を設定するには、［ページ］パネルメニュー→［ページ効果］→［設定］を選択して［ページ効果］ダイアログで設定する方法と［ページ効果］パネルを使って設定する方法があります。ここでは、より詳細な設定をおこなえる［ページ効果］パネルを使った設定方法を解説します。

1　ページ効果を設定するページの指定

［ページ］パネルでページ効果を設定したいページのアイコンを選択します。

ページ効果は複数のページにいちどで設定することができます。［ページ］パネルで連続した複数のページを選択するにはshiftキーを押しながらクリック、不連続なページを選択したい場合はcommand（WindowsはCtrl）キーを押しながらクリックします。

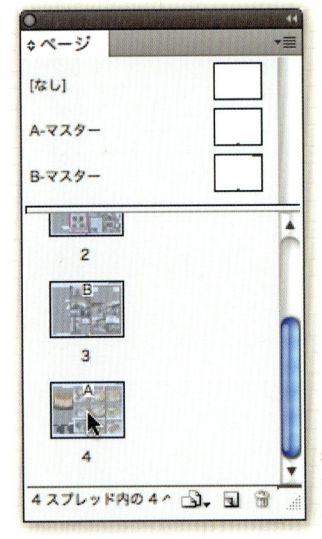

shiftまたはcommandキーを押しながらクリック

2　ページ効果の設定

［ページ効果］パネルの［効果］から設定したいページ効果を選択し、必要に応じて［方向］および［速度］のオプションを設定します。

ここでは、例として［効果］を「ブラインド」、［方向］を「横」、［速度］を［高速］に設定します。

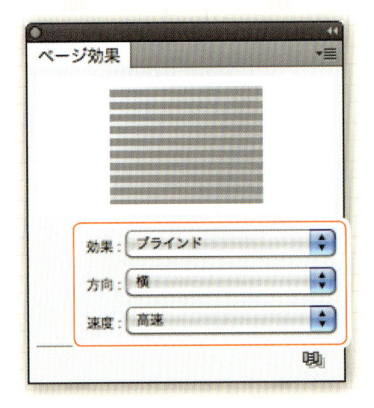

3 ページ効果の確認

［プレビュー］パネルメニュー→［ドキュメントをプレビュー］を選択して、設定したページ効果を確認します。
［プレビュー］パネルでページ効果を確認するには、［プレビュー設定］ダイアログで「書き出し」を「すべてのページ」、［ページ効果］を「ドキュメントから」に設定しておく必要があります。

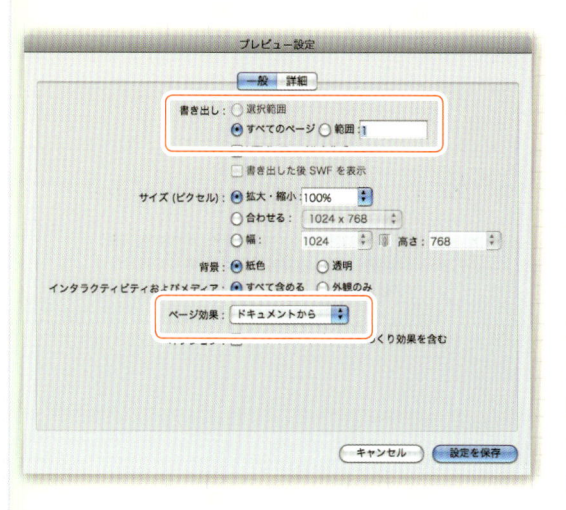

ハイパーリンクの設定

ハイパーリンクを使うと、テキストをクリックするとWebサイトを表示したり、任意のページに移動することができますが、目次のテキストにハイパーリンクを設定すれば、目次のテキストをクリックして該当のページに移動することができます。

ハイパーリンクを設定するには、任意のテキストをハイパーリンク先に設定して、目次のテキストにハイパーリンクを設定する方法と、目次のテキストに移動先のページを設定する方法があります。ここでは、目次のテキストに移動先のページを設定する方法について解説します。

1 ハイパーリンクを設定するテキストの指定

［文字］ツールでハイパーリンクを設定したい目次のテキストを選択します。

ドキュメント上の任意のテキストをリンク先に設定したい場合は、事前にハイパーリンク先を登録しておく必要がありますが、任意の「ページ」をリンク先に設定する場合は、事前にハイパーリンク先を設定する必要はありません。

2 ハイパーリンクの設定

［ハイパーリンク］パネルメニュー→［新規ハイパーリンク先］を選択し、［新規ハイパーリンク先］ダイアログが表示されたら［リンク先］を「ページ」に設定し、［ハイパーリンク先］の［ドキュメント］、［ページ］、［ズーム］などのオプションを設定します。

ここでは、［ドキュメント］を「PDF_Sample.indd」（作成中のドキュメントのファイル名）、［ページ］を「5」ページに設定します。

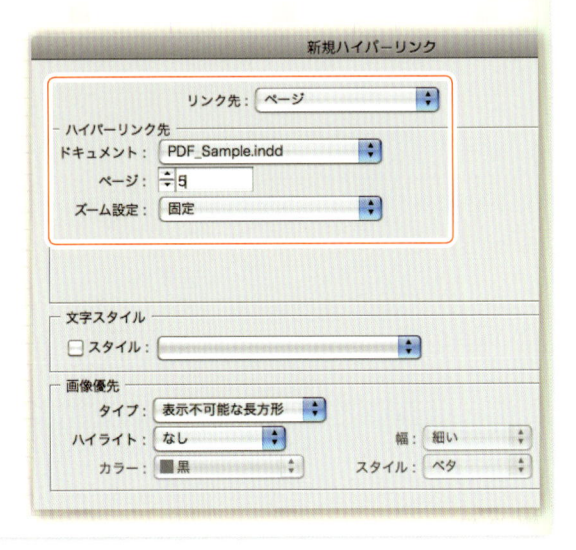

3 ハイパーリンクの確認

設定できたらハイパーリンクの状態を確認します。［ハイパーリンク］パネルのリストでリンク状態を確認したいハイパーリンクを選択して、パネル下部にある［選択したハイパーリンクまたは相互参照のリンク先へ移動します］をクリックするか、［ハイパーリンク］パネルメニューの［リンク先へ］を選択します。

［プレビュー］パネルを使ってもハイパーリンクの状態を確認できます。

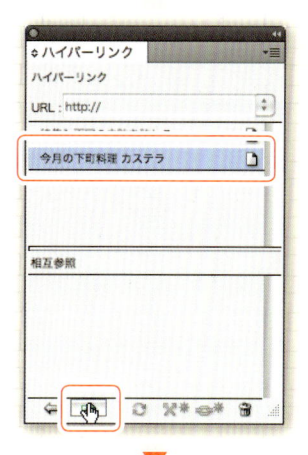

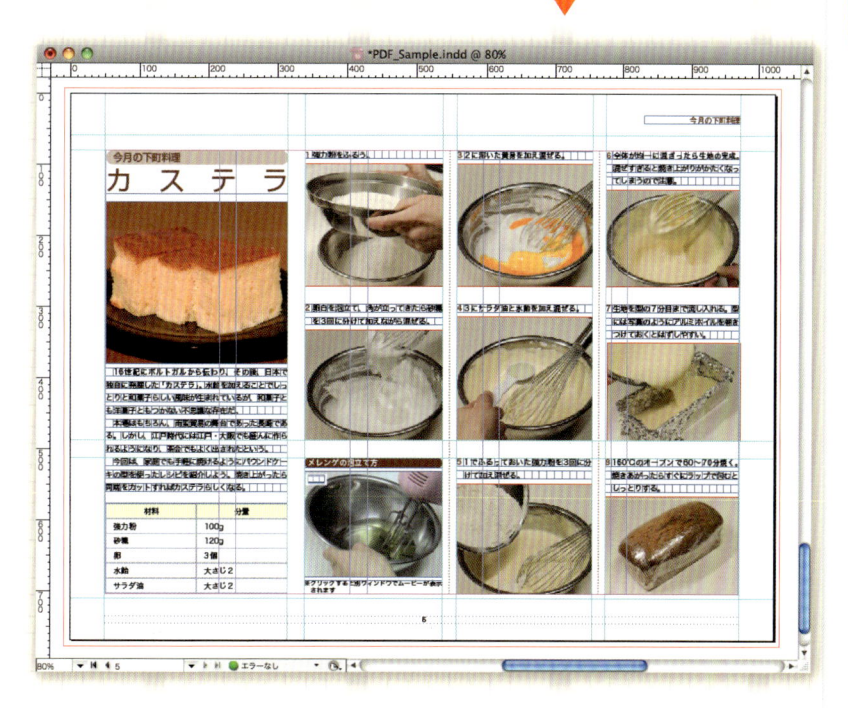

3 インタラクティブPDFを書き出す

インタラクティブPDFを書き出す準備

アニメーションやスライドショーなどのインタラクティブ機能を設定したドキュメントは、そのままインタラクティブPDFに書き出しても正常に動作しない可能性があります。
設定したインタラクティブ機能を正常に動作させるためには、インタラクティブ機能を使ったオブジェクトをSWFに書き出し、それをドキュメントに配置してから書き出す必要があります。
InDesignからSWFを書き出すには、[ファイル]メニュー→[書き出し]を選択して、[配置]ダイアログの[フォーマット]から「Flash Player（SWF）」を選択します。

1 ファイル名と保存先の設定

[ファイル]メニュー→[書き出し]を選択しします。[書き出し]ダイアログが表示されたら[フォーマット]を「Flash Player（SWF）」に設定し、任意のファイル名と保存先を設定して[保存]をクリックします。

ここでは、インタラクティブ機能を使ったページを1ページずつSWFに書き出します。インタラクティブ機能を使ったオブジェクトだけをSWFに書き出したい場合は、[選択]ツールで書き出したいオブジェクトを選択してから[ファイル]メニュー→[書き出し]を選択します。

2 SWF の書き出し設定

［SWFを書き出し］ダイアログが表示されたら、［一般］タブおよび［詳細］タブでオプションを設定して［OK］をクリックします。ここでは、［書き出し］で「範囲」をオンにしてテキストフィールドに「1」を入力、［背景］を「紙色」、［インタラクティビティおよびメディア］を「すべて含める」、［ページ効果］を「なし」に設定します。

選択したオブジェクトをSWFに書き出す場合は、［書き出し］を「選択範囲」に設定します。

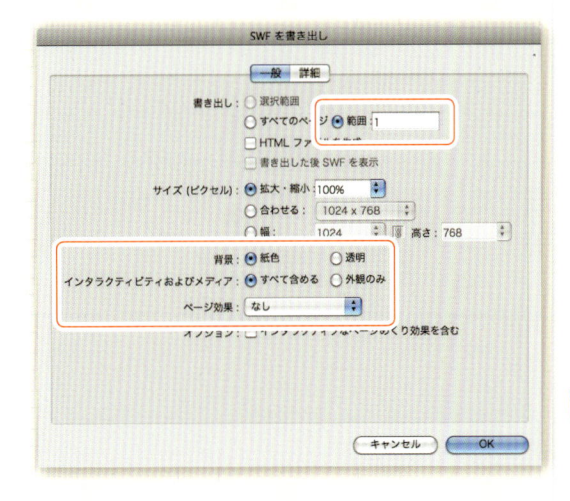

書き出したSWF

3 SWF の配置

SWFを書き出したら新規レイヤーを作成してドキュメントに貼り込みます。［レイヤー］パネルの下部にある［新規レイヤーを作成］をクリックします。［レイヤー］パネルにレイヤーが追加されて選択されているのを確認したら、［ファイル］メニュー→［配置］を選択して書き出したSWFを選択して［開く］をクリックします。

新規で作成したレイヤーにSWFを配置すれば、ドキュメント上に配置したテキストや画像を削除せずに残すことができます。インタラクティブPDFを書き出すときは、SWFを配置したレイヤー以外を非表示にして書き出します。

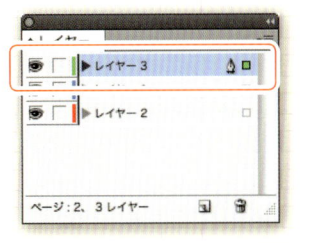

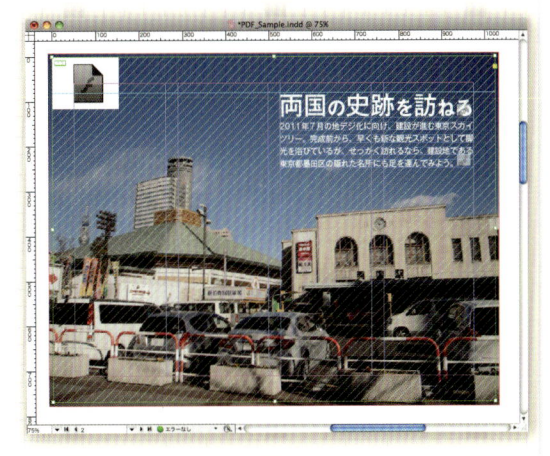

インタラクティブPDFの書き出し

インタラクティブ機能を使ったページをSWFに書き出して配置できたら、インタラクティブPDFを書き出してみましょう。なお、先にも解説しましたが、インタラクティブPDFを正常に表示するには、Adobe Reader 9以上で開く必要があるので注意してください。

1 レイヤーの表示変更

[レイヤー]パネルでSWFを配置したレイヤー以外を非表示に設定します。

インタラクティブ機能を使ってるページと使っていないが混在する場合は、レイヤーを分けてSWFを配置したページのテキストと画像を非表示にします。

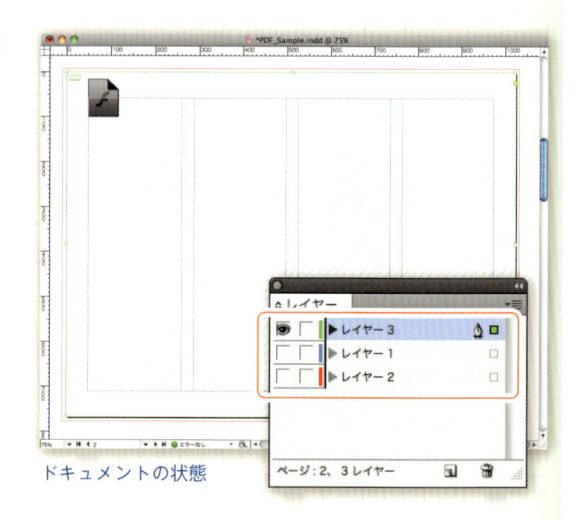

ドキュメントの状態

2 ファイル名と保存先の設定

[ファイル]メニュー→[書き出し]を選択します。[書き出し]ダイアログが表示されたら[フォーマット]を「Adobe PDF（インタラクティブ）」を選択して、任意のファイル名と保存場所を設定して[保存]をクリックします。

ここでは、[名前]を「PDF_Sample.pdf」、保存場所を「デスクトップ」に設定します。

3 PDF書き出しの設定

［インタラクティブPDFに書き出し］ダイアログが表示されたら、［ページ］で出力するページの指定、［表示］および［レイアウト］でPDFの表示方法、［ページ効果］でPDFのページを切り替えるときのページ効果、［画像管理］で配置されている画像の品質を設定して［OK］をクリックします。

ここでは、［ページ］を「すべて」、［表示］および［レイアウト］を「デフォルト」、［ページ効果］を「ドキュメントから」に設定します。

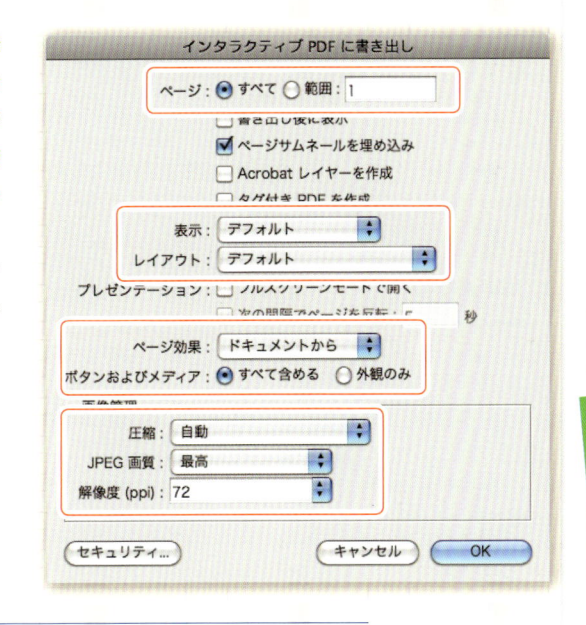

4 書き出したPDFの確認

PDFを書き出したらAdobe AcrobatやAdobe Readerで表示して動作確認をします。

ページ効果を設定してある場合は、フルスクリーンモードでページ効果の動作を確認します。

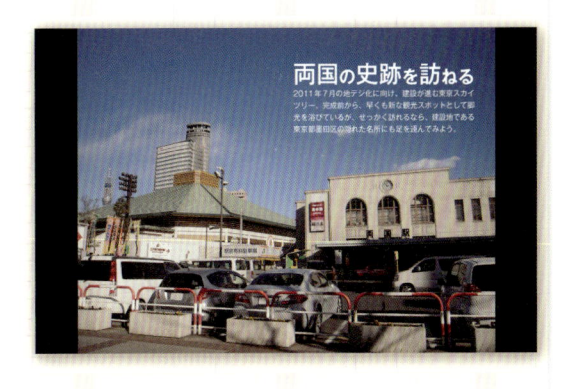

4 静的なPDFの書き出し方

プリント用PDFと
インタラクティブPDFの違い

ここまで、インタラクティブなPDFの作成について解説してきました。しかし、実際の現場では、「インタラクティブではない、静的なPDFの電子書籍」を作成することが数多くあります。ここからは静的なPDFとして代表的な「プリント用」PDFについて、インタラクティブPDFとの違いと、その作成方法を解説していきます。

見た目の違い

インタラクティブPDFとプリント用のPDFにはどのような違いがあるのでしょうか。インタラクティブPDFを「動」のPDFとすると、プリント用PDFは「静」のPDFといえるでしょう。

さらに具体的な違いを見ると、インタラクティブPDFはRGBカラーで作成されているのに対し、プリント用のPDFはRGBとCMYKのどちらでも作成できる違いがあります。また、プリント用のPDFは印刷用の出力ファイルとして使ったり、校正に使用するためにトンボや印刷可能領域を設定できるなど、さまざまな違いがあります。

インタラクティブPDFを作成する場合、アニメーションやスライドショーなどを設定したページはSWFに書き出してからPDFを書き出します。そのため、配置したテキストはラスタライズやアウトライン化をするため、文字情報を失うので文字列の検索をでなかったり、拡大表示をすると文字のエッジが不鮮明になるという違いもあります。

インタラクティブPDFのSWFを配置したページで文字を拡大表示した状態

プリント用PDFで文字を拡大表示した状態

PDFバージョンの違い

　PDFは書き出すときにバージョンを設定することができます。InDesign CS5で書き出すことができるPDFのバージョンは1.3～1.7のバージョンがあります。ただし、バージョンを設定できるのは「Adobe PDF（プリント）」で書き出す場合のみで、「Adobe PDF（インタラクティブ）」で書き出す場合はPDF 1.7に設定されます。

　PDFはバージョンによって使用できる機能が異なり、印刷の出力用として多く利用されている「PDF/X-1a:2001（日本）」のPDFバージョンは1.3になります。

　PDFのバージョンを調べるには、Adobe AcrobatまたはAdobe ReaderでPDFを開き、［ファイル］メニュー→［プロパティ］を選択して［文書のプロパティ］ダイアログの［概要］にある［PDFのバージョン］で確認します。

PDFのバージョン

Acrobat 3	PDF 1.2
Acrobat 4	PDF 1.3
Acrobat 5	PDF 1.4
Acrobat 6	PDF 1.5
Acrobat 7	PDF 1.6
Acrobat 8/9	PDF 1.7

InDesignの［Adobe PDF書き出し］ダイアログ

インタラクティブPDFの情報

PDF/X1-aで書き出したPDFの情報

静的なPDFを
作成する場合の注意点

文字のサイズは可読性に注意

　インタラクティブPDFを閲覧する場合、ページ効果などのPDFに設定されているインタラクティブ機能を最大限に再生するには、フルスクリーンモードでPDFを表示する必要があります。そのため、本文や画像のキャプションの文字サイズは、できるだけ画面を拡大表示しなくても判読できる大きさに設定することが求められます。これは、電子書籍としての静的なPDFでも同じことがいえます。

　では、どの程度の大きさに設定すれば良いのでしょうか。作成する電子書籍の性質やターゲットにもよりますが、本文の文字サイズを14〜16px程度、行間は本文文字サイズの150％以上に設定すると可読性を確保できそうです。

iPadでPDFを表示した状態

東京スカイツリー建設で一躍、注目
駅周辺の史跡めぐりにスポットを当

12px

東京スカイツリー建設で一躍、注
JR 両国駅周辺の史跡めぐりにス

13px

東京スカイツリー建設で一躍、
変えて、JR 両国駅周辺の史跡

14px

東京スカイツリー建設で一躍
趣向を変えて、JR 両国駅周辺

15px

東京スカイツリー建設で一躍
と趣向を変えて、JR 両国駅

16px

モニタでPDFを100％表示にした状態

東京スカイツリー建設で一躍、注目の集ま
駅周辺の史跡めぐりにスポットを当ててみ

12px

東京スカイツリー建設で一躍、注目の
JR 両国駅周辺の史跡めぐりにスポット

13px

東京スカイツリー建設で一躍、注目
変えて、JR 両国駅周辺の史跡めぐ

14px

東京スカイツリー建設で一躍、注
趣向を変えて、JR 両国駅周辺の史

15px

東京スカイツリー建設で一躍、注
と趣向を変えて、JR 両国駅周辺

16px

カラーはRGBでの設定が基本

新規でドキュメントを作成する場合はとくに問題ありませんが、印刷用に作成した既存のデータを加工してインタラクティブPDFや静的なPDFにする場合は、CMYKで設定されたカラーをどのようにRGBに変換するかが問題になってきます。

テキストやオブジェクトに設定したカラーがすべてスウォッチに登録されている場合は、スウォッチの編集することでRGBに修正できます。しかし、スウォッチに登録されていない場合は、どのように修正するかを考える必要があります。

もっとも確実かつ最適な結果を得られるのは手作業で修正する方法ですが、修正に時間がかかるデメリットがあります。もっとも時間がかからない修正方法は、PDFを書き出すときにカラープロファイルを使って変換する方法でが、CMYKで設定したカラーをRGBの近似色に一括変換するため細かいコントロールはできないデメリットがあります。

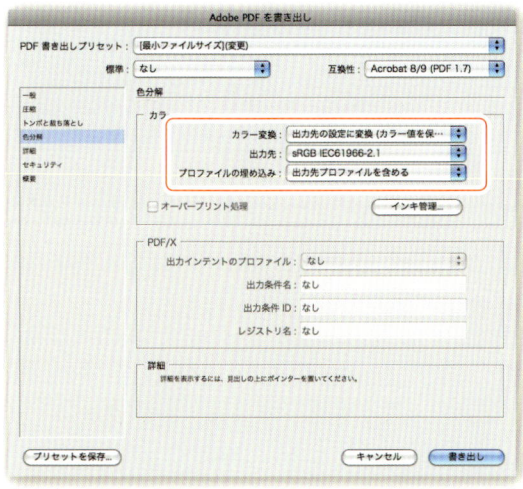

出力時にRGBに変換するには、[Adobe PDFを書き出し]ダイアログの[色分解]で[出力先]を「sRGB IEC6199-2.1」などに設定して書き出す

PDF用画像の解像度はどの程度に設定するか

作成したドキュメントをPDFに書き出す場合、画像解像度はPDFのファイル容量の増減に大きく影響してきます。

ハードディスク容量が大きいPCでの閲覧を基本とするインタラクティブPDFは、ファイル容量をそれほどシビアに気にしなくても大丈夫と考えられます。しかし、iPadやiPhoneでの閲覧を考慮した静的なPDFを作成するのであれば、できるだけファイル容量を抑える必要があります。

PDFに含める画像の解像度は、表示する環境の画面の解像度を基準にして、拡大表示したときのことを考慮して設定するとよいでしょう。

例えば、iPadでの閲覧をメインに考えるのであれば132ppiを基準にして、拡大表示したときのことを考えて設定します。なお、画像解像度はPDFを書き出す場合は、画像解像度の上限と下限を設定して自動でラスタライズして解像度を調整することができます。

iPadおよびiPhoneの画面サイズと解像度

デバイス	画面サイズ	解像度
iPad/iPad2	1024×768	132ppi
iPhone3G/3GS	480×320	163ppi
iPhone4	960×640	326ppi

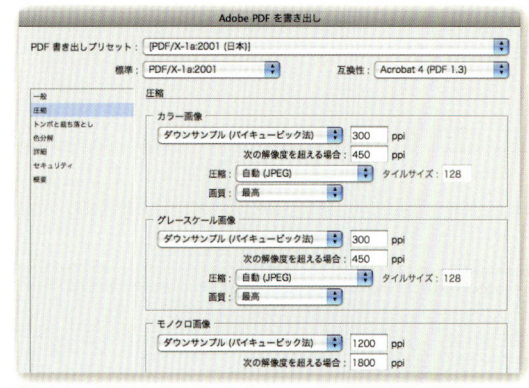

[Adobe PDFを書き出し]ダイアログの画像解像度設定

4　静的なPDFの書き出し方

ファイル容量を抑えた静的なPDFを書き出す

PDFを書き出す場合、用途に合わせた出力設定がデフォルトで用意されているので、［Adobe PDFを書き出し］ダイアログの［PDF書き出しプリセット］から選択するだけで最適化したPDFを書き出すことができます。また、必要に応じてオプションの設定を変更すれば、ファイル容量や画像の品質、PDFのカラーモードなどをコントロールして書き出すことができます。
ここでは、「最小ファイルサイズ」のプリセットをベースにして、"電子書籍としての静的なPDF"を書き出す方法を解説します。

1　ファイル名と保存先の設定

PDFに書き出したいドキュメントを開いて［ファイル］メニュー→［書き出し］を選択します。［書き出し］ダイアログが表示されたら［フォーマット］から「Adobe PDF（プリント）」を選択し、任意の名前とファイル名を設定して［保存］をクリックします。

ここでは、［名前］を「Sample.pdf」、保存先を「デスクトップ」に設定します。なお、ブックでドキュメントをまとめている場合は、ブックパネルメニュー→［ブックをPDFに書き出し］を選択します。

2　PDF書き出しの基本設定

［Adobe PDFを書き出し］ダイアログが表示されたら、［PDF書き出しプリセット］から「最小ファイルサイズ」を選択し、［ページ］で書き出す範囲を設定します。また、必要に応じてその他のオプションも設定します。

ここでは、［ページ］を「すべて」に設定します。ドキュメントを見開きで作成している場合、［見開き印刷］にチェックを入れると見開きでPDFを書き出すことができます。

3 画像の品質と圧縮の設定

ダイアログの左のリストで[圧縮]をクリックして、[カラー画像]、[グレースケール画像]、[モノクロ画像]の各項目で画像解像度とラスタライズ方法、[圧縮]で圧縮形式、[画質]で画像の品質を設定します。

書き出すPDFのファイル容量を小さくしたい場合は、ラスタライズ方法の右にある解像度と[画質]の設定を変更するとファイル容量を抑えることができます。ここでは、[カラー画像]と[グレースケール]の解像度を「200」ppi、[画質]を「最高」、[モノクロ画像]の解像度を「400」ppiに設定します。

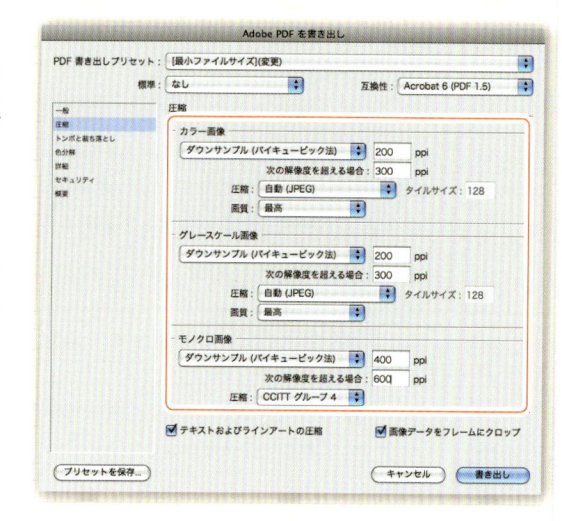

4 トンボと断ち落としの設定

ダイアログの左のリストで[トンボと断ち落とし]をクリックします。ダイアログの表示が変わったら、[トンボとページ情報]でトンボの種類と書き出すトンボを設定、[断ち落としと印刷可能領域]で断ち落としの幅を設定します。

一般的な印刷物では、[断ち落とし]を[天][地][ノド][小口]ともに3mmに設定します。ドキュメントの作成時に[裁ち落とし]や[印刷可能領域]を設定してある場合は、[ドキュメントの断ち落とし設定を使用]および[印刷可能領域を含む]にチェックを入れると、ドキュメントに設定されている値で書き出すことができます。ここでは、デフォルトのままにします。

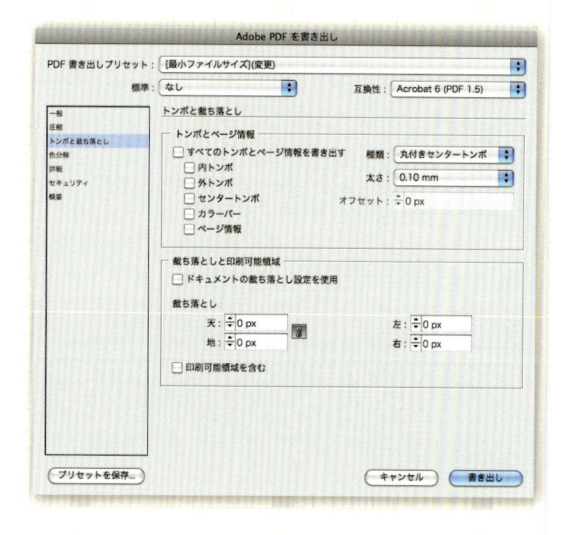

5 画像の色分解設定

ダイアログの左のリストで［色分解］を選択すると、ドキュメントに貼り込んだ画像のカラーをプロファイルを使ってカラー変換することができます。例えば、CMYKモードの画像を貼り込んである場合、［出力先の設定に変換（カラー値を保持）］または［出力先の設定に変換］に設定し、［出力先］で「sRGB IEC61966-2.1」を選択すると、CMYK画像をsRGBのカラースペースに合わせたRGB画像に変換できます。

［カラー変換］および［出力先］を使って画像のカラー変換をする場合、［カラー設定］ダイアログ（［編集］メニュー→［カラー設定］）が最適な設定になっていることを確認してください。商業印刷物用のデータを作成する場合、一般的には「プリプレス用-日本2」に設定します。

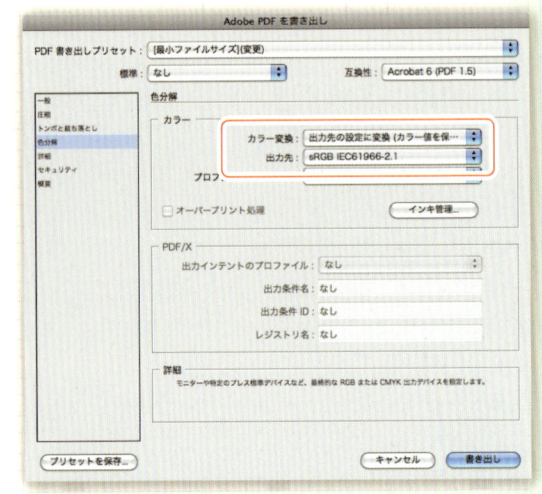

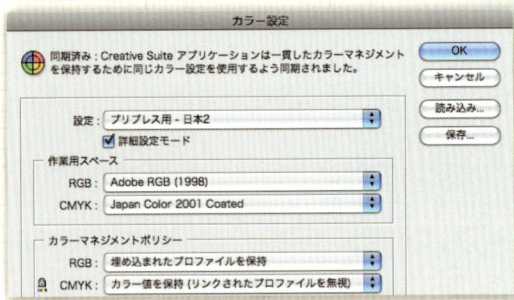

商業印刷物を作成する場合の一般的なカラー設定

6 PDF の書き出し

必要に応じて［詳細］および［セキュリティ］のオプションを設定して［書き出し］をクリックします。
PDFを書き出せたらAdobe AcrobatまたはAdobe Readrで表示確認しましょう。

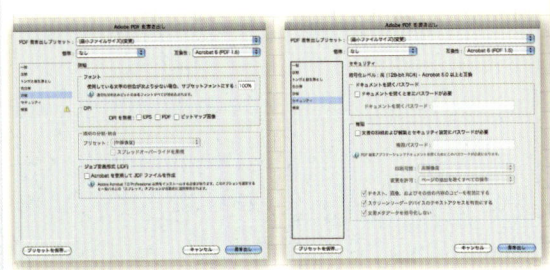

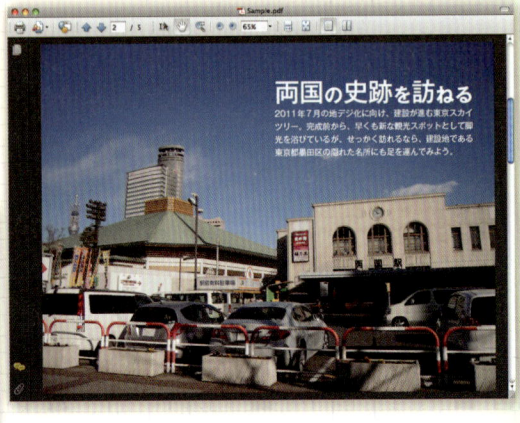

Part 4
Adobe Digital Publishing Suiteによる電子書籍作成

1 Adobe Digital Publishing Suiteの基礎

Adobe Digital Publishing Suiteを使う場合の注意

現在の状況

　現在（2011年3月）、Adobe社のサイトから入手できるAdobe Digital Publishing Suiteはベータ版（2010年10月25日公開）です。そのため、場合によっては期待どおりの結果を得られない可能性があります。また、製品が発売されるときには仕様が異なっている可能性がある点にも注意してください。

　あくまでも、どのよう機能があるのかを体験し、電子書籍の可能性を検証することをここでは目的にしています。また、Adobe Digital Publishing Suiteをインストールする場合、InDesignにエクステンションを追加する必要があります。無用なトラブルを避けるために、仕事で使用している環境にはインストールせず、検証用の環境を用意してインストールしましょう。

　なお、Adobe Digital Publishing Suiteの入手先は英語のサイトですが、Adobe社のサイトから日本語のマニュアルを入手できます。インストールする前に入手しておきましょう。

日本語マニュアルとトラブルシューティングの入手先
http://adobe-digipub.jp/info/index.html

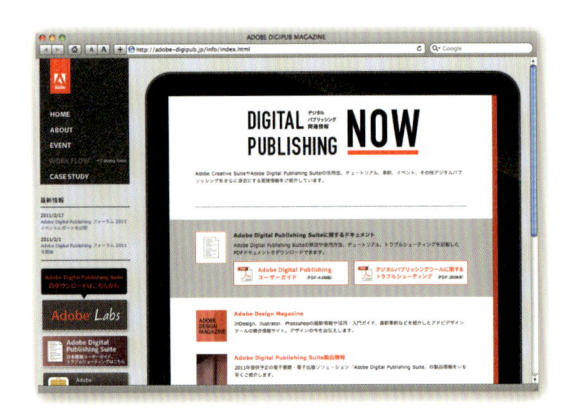

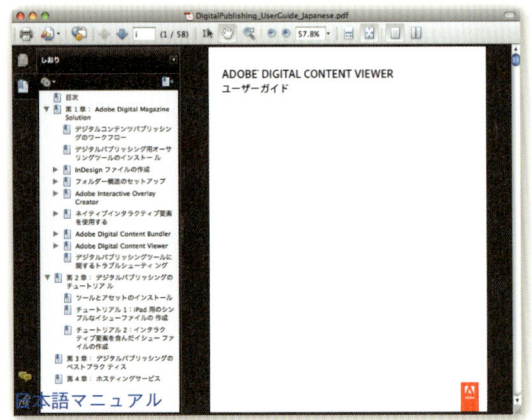

Adobe Digital Publishing Suiteの入手とインストール

Adobe LabsにアクセスしてAdobe Digital Publishing Suiteのベータ版とチュートリアルファイルをダウンロードしましょう。なお、ダウンロードにはAdobe IDが必要です。アカウントを作成していない場合は登録してからダウンロードします。

1 Adobe Labsにアクセスする

Webブラウザで「http://labs.adobe.com/」にアクセスして「Adobe Digital Publishing Suite beta」の項目にある「Download」をクリックします。

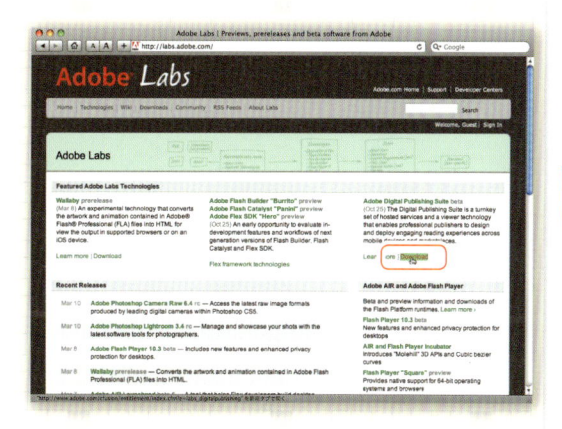

2 ログインする

「Adobe ID」に登録したメールアドレス、「Password」に設定したパスワードを入力して「Sign in」をクリックします。

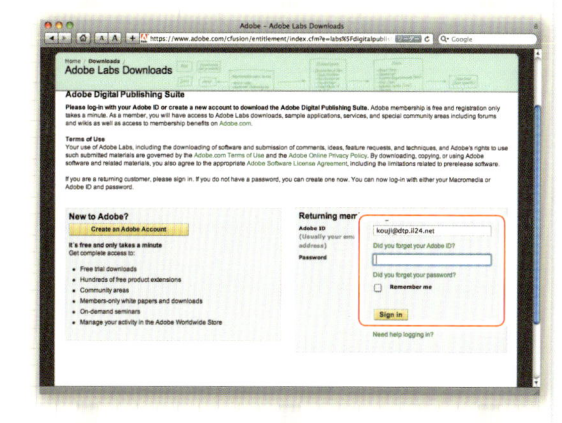

3 ファイルをダウンロードする

ページの中程にある「By downloading 〜」をチェックします。ダウンロードファイルが表示されたら以下のファイルをダウンロードします。

・Digital Publishing Plug-in for Adobe InDesign CS5
・Digital Content Bundler
・Interactive Overlay Creator

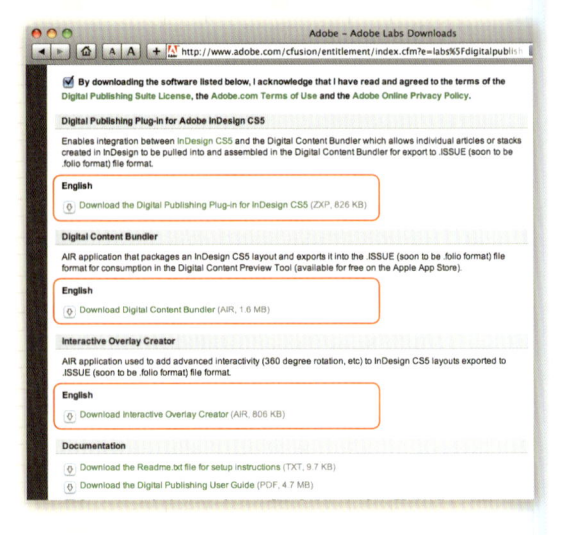

4 エクステンションのインストール

「digitalpublishing_p1_indesignplugin_092710」をダブルクリックして、「Adobe Extention Manager」が起動したら「インストール」をクリックします。

5 関連アプリケーションのインストール

「digitalpublishing_p1_contentbundler_092710.air」および「digitalpublishing_p1_overlaycreator_092710.air」をダブルクリックし、表示されたダイアログの指示に従って任意のフォルダに移動します。

ここでは「アプリケーション」フォルダにインストールします。

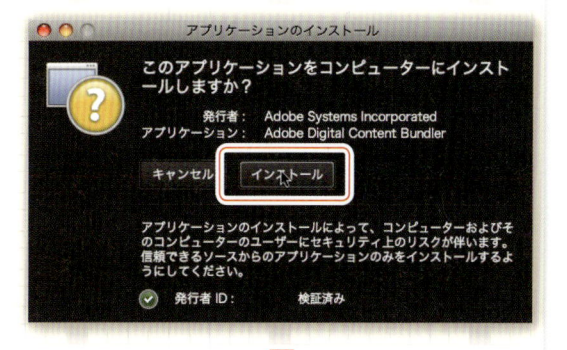

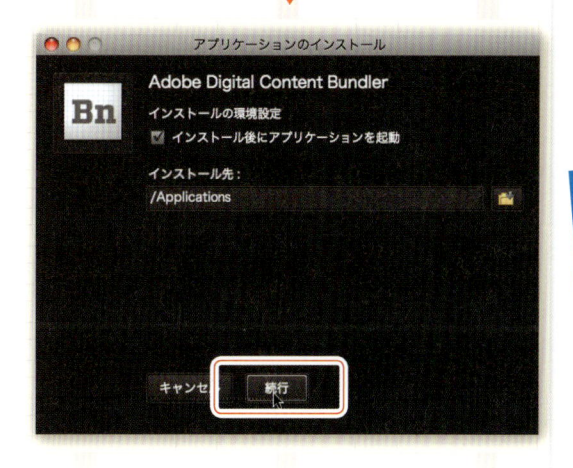

6 チュートリアルファイルの入手

必要に応じて、Adobe LabsのAdobe Digital Publishing Suiteのページからチュートリアルファイルを以下からダウンロードします。

ページ下部の「included tutorials using the sample files」のリンクをクリックするとダウンロードできます。
http://labs.adobe.com/technologies/digitalpublishing/

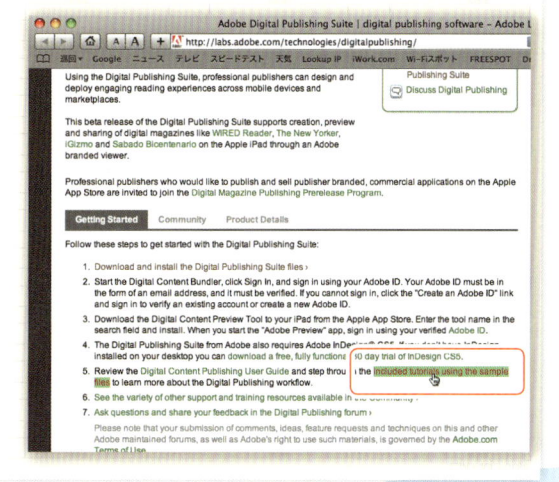

ドキュメント作成の基本

データ作成時のルール

　Adobe Digital Publishing Suite用のレイアウトを作成する場合、動画の配置、アニメーション、スライドショーなどの基本的な設定は、インタラクティブPDFを作成する方法と大きな違いはありません。しかし、レイアウトデータのファイル名や保存するフォルダなどに厳格なルールがあります。このルールに合わせてファイルを保存しておかないと、issue（電子書籍）ファイルを書き出すときにエラーとなってしまうので注意が必要です。主に注意が必要な点は以下の通りです。

・縦表示と横表示のレイアウトを作成（単一方向のみでの作成も可能）
・縦表示と横表示でファイル名の付け方にルールがある
・インタラクティブ機能の関連ファイルは指定のフォルダに保存する
・目次用のPNG画像が必要

レイアウトデータのファイル名と保存フォルダ

　ドキュメントのファイル名を設定する場合、縦表示用のデータはファイル名の末尾に「_v」または「_p」、横表示用のデータは末尾に「_h」または「_l」を付けて「Sec1_v.indd」などのように設定します。

　これらの「レイアウトデータ」、「画像フォルダ」、「フォントフォルダ」に「目次用画像」を加えて1つのフォルダにまとめるのが基本になります。その際、まとめるフォルダ名にもルールがあり、「Sec1_Stack」のように、フォルダ名の末尾に「_Stack」を付ける必要があります。

　また、応用として縦表示用のレイアウトデータと横表示用のレイアウトデータを別のフォルダにまとめ、それらのフォルダと目次用の画像をStackフォルダにまとめる方法もあります。その際、目次用画像はStackフォルダの直下に入れることに注意してください。

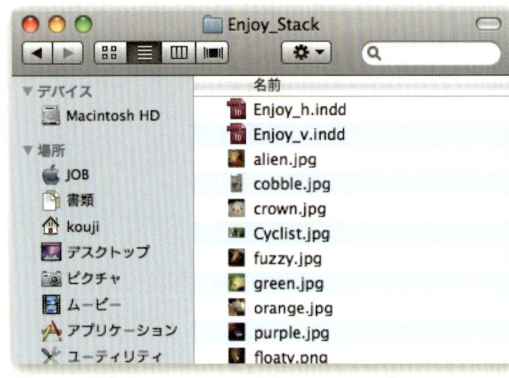

縦表示と横表示のレイアウトをStackフォルダにまとめる方法

縦表示と横表示のフォルダにレイアウトをまとめてからStackフォルダにまとめる方法

目次用の画像サイズとファイル形式

　目次用ファイルはStackごとに用意しておく必要があります。例えば、作成する電子書籍で3つのStackがある場合は、目次ファイルも3つ必要になります。

　目次ファイルはAdobe Content Viewerで目次を表示したときに、アイコンとして表示されるファイルです。

　目次画像を作成するときは、ファイルサイズを70×70ピクセル、画像解像度を72dpiで作成して、png形式で保存します。

目次用画像

Adobe Content Viewerで目次を表示した状態

インタラクティブ機能の
関連ファイルの保存場所

「Adobe Interactive Overlay Creator」を使うと、「360°ビュー」、「パンイメージ」、「パノラマ」、「Webビュー」などの、InDesignの機能にはないインタラクティブな表現を行うことができます。

これらの機能で使うファイルは、「Overlay Resources」フォルダを作成し、その中に「Repousse360」、「PanImage」、「Panorama」などのサブフォルダを作成して、その中に保存します。なお、OverlayResourcesフォルダは、Stackフォルダの直下またはStackフォルダ内に作成します。

機能名	サブフォルダ名(例)
360°ビュー	Repousse360
パンイメージ	PanImage
パノラマ	PanoramaTower
オーディオ	AudioFiles
ビデオ	Movie

OverlayResourcesフォルダはStackフォルダ内に作成する

OverlayResourcesフォルダ内に作成したサブフォルダの状態

一連のファイルを保存するフォルダ

　StackフォルダおよびOverlayResourcesフォルダは、Issueフォルダにまとめる必要があります。Issueフォルダは「電子書籍名＋_Issue」のように、フォルダ名の末尾に「_Issue」を付けます。

　「Adobe Digital Content Bundler」でIssueファイルを書き出す場合、Stackフォルダを内包するIssueフォルダを指定する必要があります。それ以外のフォルダを指定するとエラーが発生するので、フォルダ名やフォルダの構成は注意をしてください。

Content ViewerとIssueファイルの特徴

　Adobe Content ViewerはIssueファイルを閲覧するためのビューアです。Content ViewerでIssueファイル閲覧をする場合、Stackフォルダにまとめたドキュメントのページ移動するには、画面を上または下にスクロールします。別のStackフォルダに保存したドキュメントのページを表示するには、右または左にスクロールします。

　また、Issueファイルを閲覧するときは、画面を拡大・縮小して閲覧することはできません。レイアウトを作成する場合は、これらの特徴や制約を考慮したデザインが必要になります。

Issueフォルダの中のフォルダ構成

Adobe Content Viewerでサムネール表示をした状態

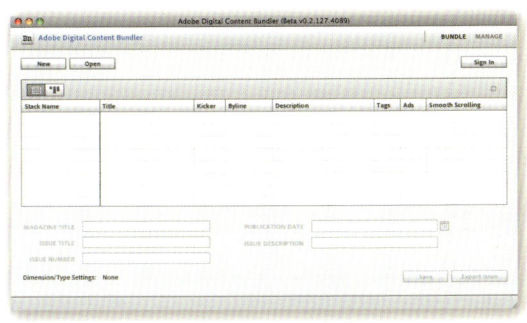

Adobe Digital Content Bundlerを起動したところ

フォルダ構成にミスがある場合に表示されるメッセージ

2 実際に作成する

Interactive Overlay Creatorを使ったインタラクティブ表現

パンイメージの作成

Interactive Overlay Creatorを使ってドキュメントにパンイメージを作成してみましょう。パンイメージは、トリミングされている画像をスクロールして、隠れていた部分を表示できる機能です。ここでは、チュートリアルファイルを使ってパン画像を作成する方法を解説します。

1 画像の配置とトリミング調整

レイアウトにグラフィックフレームを作成して画像を配置し、トリミング位置を調整します。
グラフィックフレームの大きさとフレーム内の画像の位置を調整したら、フレームの大きさとフレーム内の画像オフセット位置をメモしておきます。

2 パンイメージにする画像の読み込み

Interactive Overlay Creatorを起動して左のリストから「Image Pan」を選択し、ダイアログの表示が変わったら「Browse」をクリックします。［Browse for Image pan assets directory］ダイアログが表示されたら、パンイメージにしたい画像が保存されているフォルダを選択して［選択］をクリックします。
画像が保存されているフォルダを選択する点に注意してください。

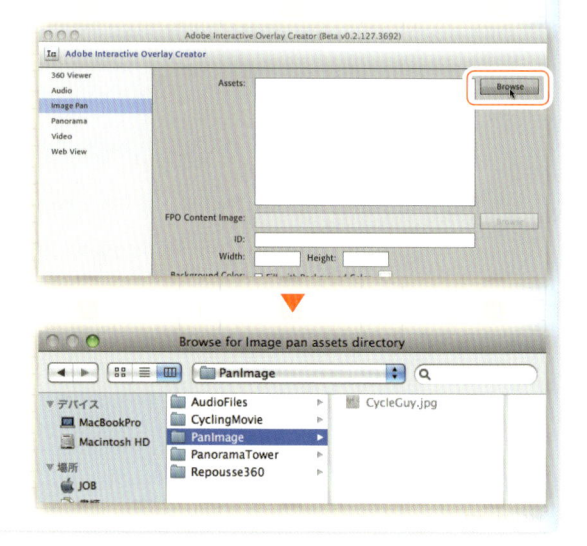

3 表示サイズの設定

[Assets]に画像がリストアップされたら、レイアウト上で表示する大きさを設定します。リストでパンイメージにしたい画像を選択し、[ID]にパンイメージ画像が保存されているフォルダ名、[Width]と[Hight]でレイアウト上で表示する大きさを入力します。

[Width]と[Hight]にドキュメントに作成したグラフィックフレームの大きさを入力します。ここでは、[Width]と[Hight]に「400」pxに設定します。[ID]はOverlayResourcesフォルダ内に作成したパンイメージ画像用のフォルダ名「PanImage」を設定します。

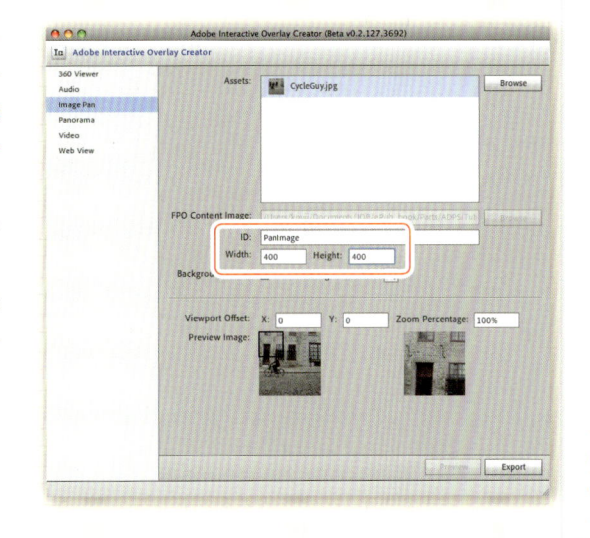

4 オフセット値の設定

続いて画像のオフセット位置を設定します。Viewport offsetの[X]および[Y]に画像のオフセット値を入力します。また、必要に応じて[Zoom Percentage]に拡大・縮小率を設定します。

[X]と[Y]にグラフィックフレーム内に配置した画像のオフセット値を入力します。ここでは、ここでは、[X]を「50」、[Y]を「250」に設定します。

値を設定するとPreview Imageに仕上がり結果が表示されるので、必要に応じて値を調整します。

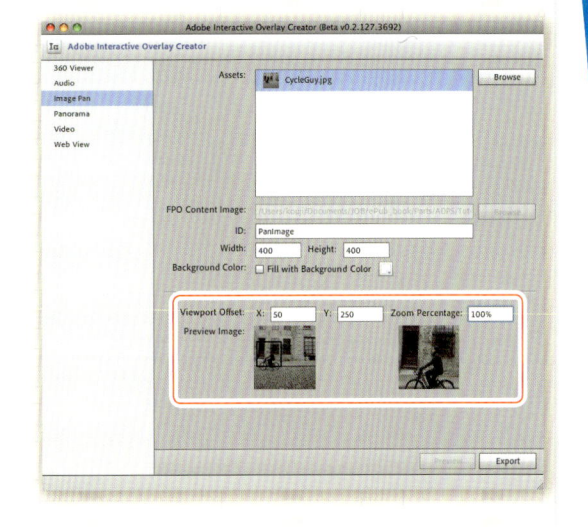

5　SWFの書き出し

設定が終わったら［Export］をクリックします。［Select destination SWF］ダイアログが表示されたら任意のファイル名と保存先を設定して［保存］をクリックします。ここでは［名前］を「PanImage.swf」、保存先をStackフォルダの中のLinksフォルダに設定します。なお、ファイル名を設定する場合は、拡張性の「.swf」を付けるようにしましょう。

6　SWFの配置とポスターの設定

SWFファイルを書き出せたら、手順1で配置した画像と置き替えて配置し、レイアウトを調整します。続いて、［メディア］パネルの［ポスター］を「現在のフレームから」に設定します。

SWFを配置する場合、元の画像を残しておきたい場合は、別のレイヤーに配置して画像を非表示にしおくとよいでしょう。なお、［メディア］パネルは［ウィンドウ］メニュー→［インタラクティブ］→［メディア］で表示できます。

360°ビューの作成

360°ビューは、画像をスワイプすると複数の画像が連続して表示される機能です。3Dソフトなどでオブジェクトが回転する動作を複数の画像に書き出し、Interactive Overlay Creatorで加工をすればオブジェクトが回転する動きのある画像を作成できます。
異なる画像を使って作成すれば、スワイプで変更できるスライドショーとして応用することもできる機能です。

1 画像を読み込む

Interactive Overlay Creatorを起動して左のリストで[360 Viewer]をクリックして、ダイアログの表示が変わったら右上にある[Browse]をクリックします。[Browse for Image pan assets directory]ダイアログが表示されたら、読み込み画像が保存されているフォルダを選択して[選択]をクリックします。
ここでは、OverlayResourcesフォルダの中に作成した「Repousse360」フォルダを選択します。なお、読み込む画像は、事前にレイアウトに配置する大きさを調整し、ファイル名をSpin001、Spin002のように表示したい順番で連番にしておきます。

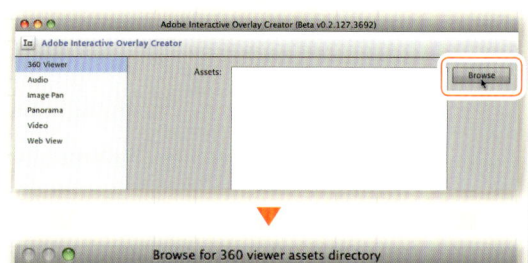

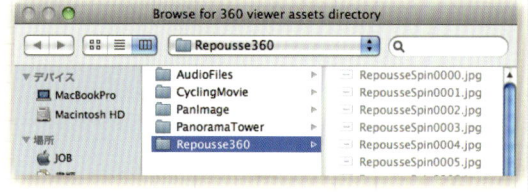

2 表示サイズの設定

[Assets]に画像がリストアップされたら、レイアウト上で表示する大きさを設定します。リストでパンイメージにしたい画像を選択し、[ID]に360°ビュー用画像を保存したフォルダ名、[Width]と[Hight]にレイアウト上で表示する大きさを入力します。
ここでは、[Width]を「512」、[Hight]を「320」px、[ID]はOverlayResources内に作成した360°ビュー用のフォルダ名「Repousse360」に設定します。

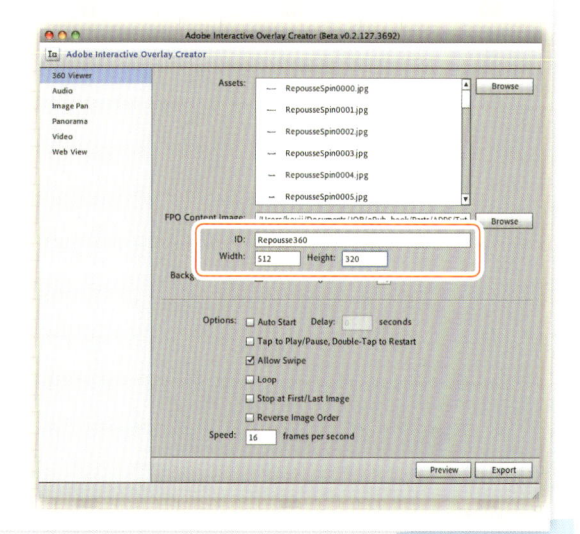

3 再生オプションの設定

必要に応じてオプションを設定します。スワイプで画像を変更する場合は、［Options］の［Allow Swipe］を「オン」に設定します。また、必要に応じて［Speed］でフレームレートを設定します。

自動で画像を表示してアニメーションにしたい場合は［Auto Start］をチェックして［Delay］でアニメーションを開始するまでの遅延時間、タップで自動再生と停止を設定したい場合は［Tap to Play/Pause,Double-Tap toRestart］をチェックします。

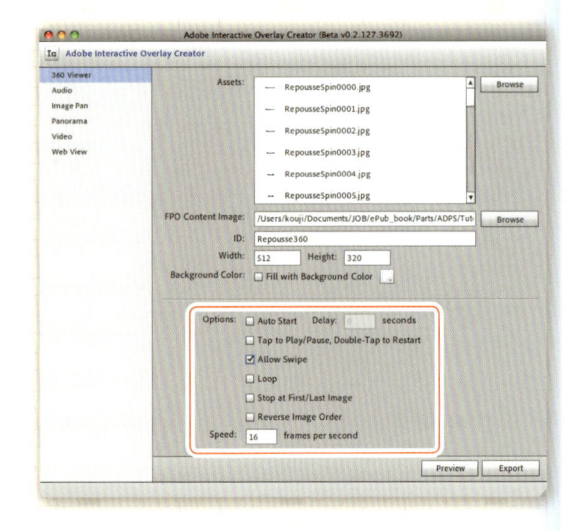

4 SWFの書き出し

［Export］をクリック［Select destination SWF］ダイアログが表示されたら任意のファイル名と保存先を設定して［保存］をクリックします。

ここでは［名前］を「repousse360.swf」、保存先をStackフォルダの中のLinksフォルダに設定します。

5 SWFの配置とポスターの設定

SWFファイルを書き出せたら、レイアウトに配置して、［メディア］パネルの［ポスター］を「現在のフレームから」に設定します。

［メディア］パネルは［ウィンドウ］メニュー→［インタラクティブ］→［メディア］で表示できます。

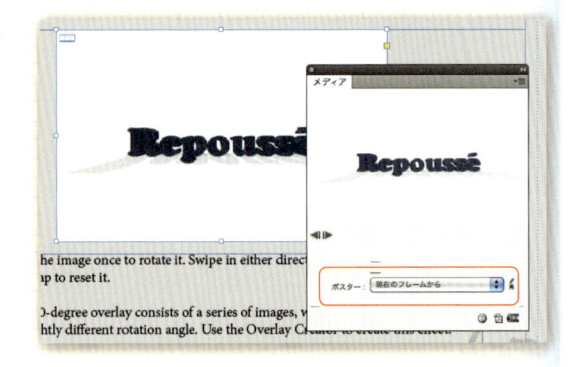

動画の利用

インタラクティブPDFに動画を含める場合は、直接ドキュメントに貼り込んでPDFを書き出しますが、Issueファイルに動画を埋め込む場合はInteractive Overlay Creatorで書き出したSWFを配置します。

1 動画を読み込む

Interactive Overlay Creatorを起動して左のリストで[Video]をクリックして、ダイアログの表示が変わったら[URL]の[Browse]をクリックします。[Browse for Video file]ダイアログが表示されたら、配置したい動画を選択して[選択]をクリックします。

配置する動画は、H.264エンコーディングのMP4形式で保存されている必要があります。

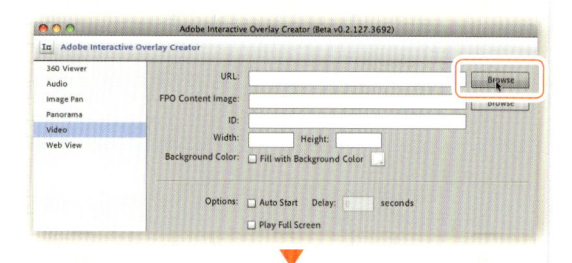

2 表示サイズの設定

動画を読み込んだら[Width]と[Hight]でレイアウト上で表示する大きさ、[ID]に任意の動画のファイル名を入力します。

ここでは、[Width]を「320」、[Hight]を「240」、[ID]を「cycling_432x234.mp4」に設定します。

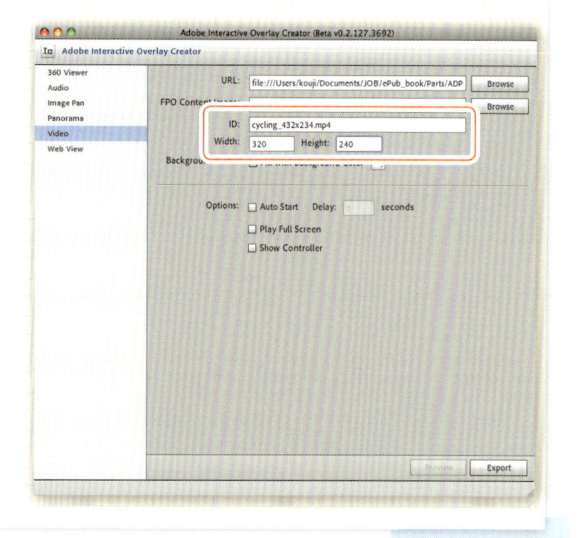

3 オプションの設定と書き出し

必要に応じてオプションを設定します。ここでは［Show Controller］にチェックを入れて［Export］をクリックします。

自動で動画を再生したい場合は［Auto Start］をチェックして［Delay］で再生までの遅延時間を設定します。［Play Full Screen］をチェックすると、フルスクリーンで動画を再生します。

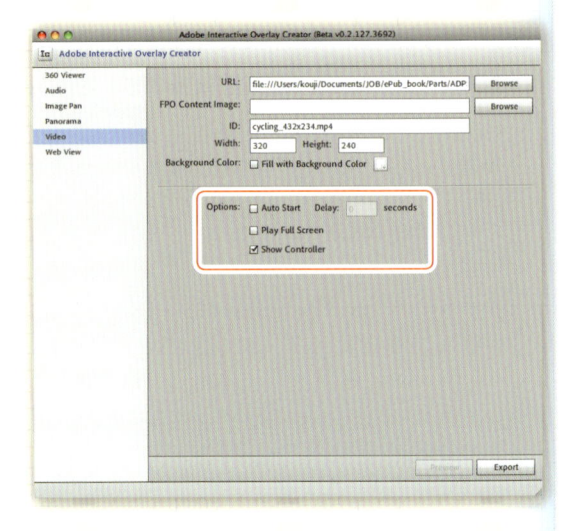

4 SWFの書き出し

［Select destination SWF］ダイアログが表示されたら任意のファイル名と保存先を設定して［保存］をクリックします。

ここでは［名前］を「video.swf」、保存先をStackフォルダの中のLinksフォルダに設定します。

5 SWFの配置とポスターの設定

SWFファイルを書き出せたら、レイアウトに配置して、［メディア］パネルの［ポスター］を使ってポスター画像を設定します。

［メディア］パネルは［ウィンドウ］メニュー→［インタラクティブ］→［メディア］で表示できます。

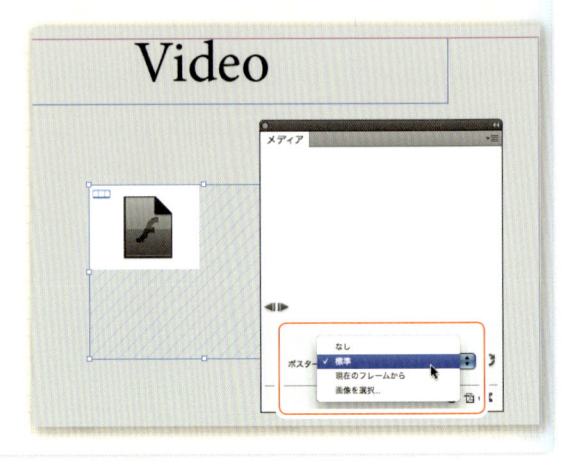

パノラマ画像の作成

パノラマ画像は6枚の画像を使って画面に見える位置を視点とした、360°パノラマのようなスクロール画像を表示作成できます。仮想の立方体中心に視点があり、周囲と天地をスワイプで表示できるといった表現を行うことができます。

1 画像を読み込む

Interactive Overlay Creatorを起動して左のリストで[Panorama]をクリックして、ダイアログの表示が変わったら[Assets]の[Browse]をクリックします。[Browse for Panorama assets directory]ダイアログが表示されたら、配置したい画像が保存されているフォルダを選択して[選択]をクリックします。

ここでは、OverlayResourcesフォルダの中に作成した「PanoramaTower」フォルダを選択します。なお、読み込む画像のファイル名は、Tower_1、Tower_2のようにルールに合わせてファイル名を連番にしておきます。

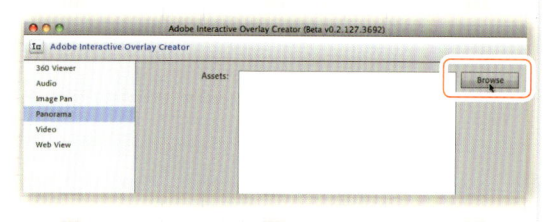

パノラマ画像のファイル名設定ルール

2 表示サイズの設定

動画を読み込んだら[Width]と[Hight]でレイアウト上で表示する大きさ、[ID]をパノラマ画像を保存したフォルダ名を入力します。
ここでは、[ID]を「PanoramaTower」、[Width]と[Hight]を「400」に設定します。

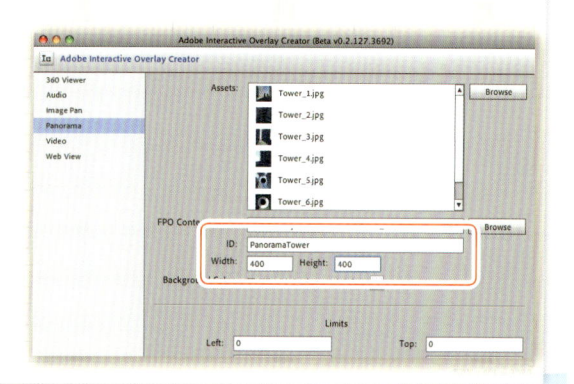

3 表示範囲の設定

［Limits］の［Left］と［Right］に0～180、［Top］と［Bottom］に0～90の値を設定して表示できる範囲を設定します。また、必要に応じて［Minimum Zoom］および［Maximum Zoom］で拡大・縮小を許可する範囲を設定します。

［Left］と［Right］に値を設定する場合、0に設定すると制限のない最大限、180に設定すると移動が不可になります。［Top］と［Bottom］も同様に、0が制限なし、90が移動不可になります。

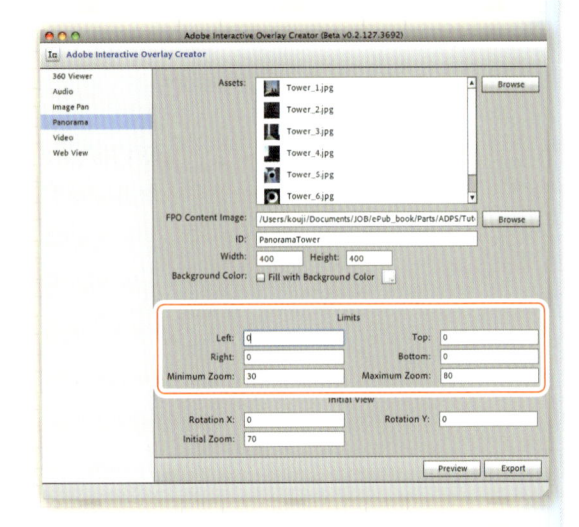

4 初期表示の設定

［Initial View］の［Rotation X］、［Rotation Y］、［Initial Zoom］で初期表示の状態を設定します。

ここでは、［Initial Zoom］を70に設定します。

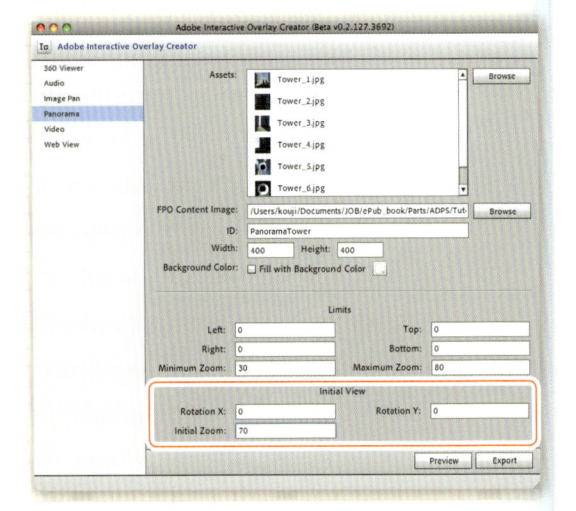

5 SWFの書き出し

[Export]をクリック[Select destination SWF]ダイアログが表示されたら任意のファイル名と保存先を設定して[保存]をクリックします。

ここでは[名前]を「Panorama.swf」、保存先をStackフォルダの中のLinksフォルダに設定します。

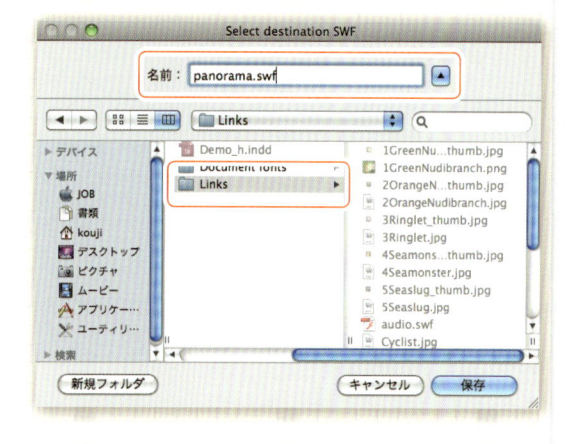

6 SWFの配置とポスターの設定

SWFファイルを書き出せたら、レイアウトに配置して、[メディア]パネルの[ポスター]を「現在のフレームから」に設定します。

[メディア]パネルは[ウィンドウ]メニュー→[インタラクティブ]→[メディア]で表示できます。

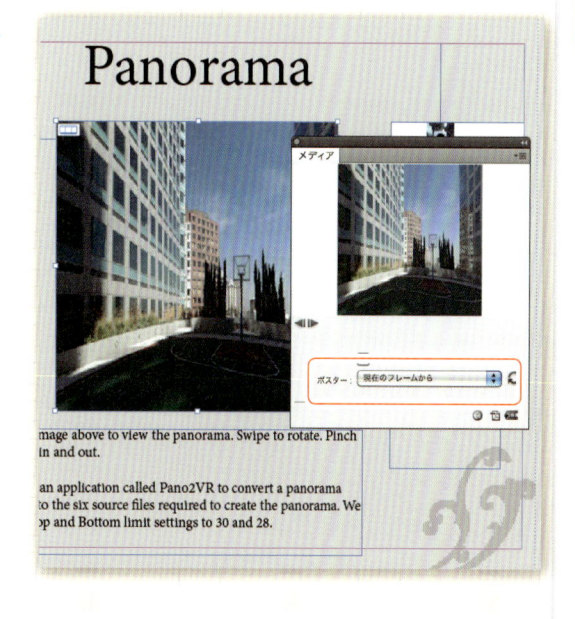

Issueファイルの書き出しと表示確認

レイアウトを作成できたら「Adobe Digital Content Bundler」を使ってIssueファイルを書き出します。Issueファイルを書き出すときは、Issueフォルダ、Stackフォルダ、OverlayResourcesフォルダの構成と目次用画像の存在を確認をしましょう。

1 スタックの追加

Digital Content Bundlerを起動して[New]をクリックします。[Select Directory]ダイアログが表示されたらIssueフォルダを選択して[選択]をクリックします。
ここでは、チュートリアルファイルの「CityGuide_Issue」を選択します。

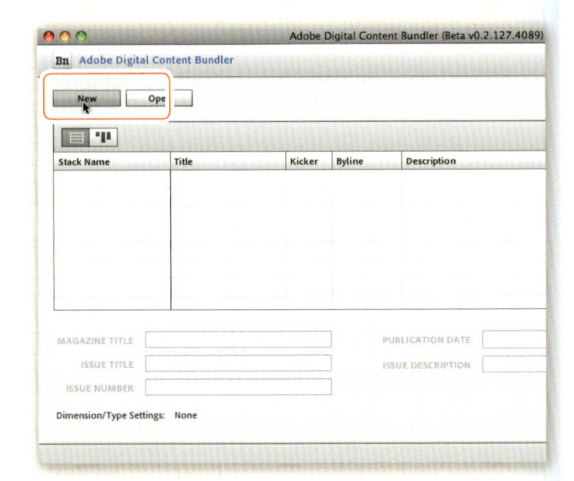

2 スタックの情報入力

リストにIssueフォルダ内にあるスタックがリストアップされたら、必要に応じてStackをドラッグして順番を変更し、リストの[Title]、[Kicker]、[Byline]、[Description]、[Tags]、[Ads]、[Smooth Scrolling]の情報を入力します。

[Title]はコンテンツのタイトル、[Kicker]は雑誌のコーナー名(特集など)、[Byline]は執筆者の署名、[Description]はコンテンツの説明、[Tags]は任意のタグ、[Ads]は広告ページのチェックマーク(広告の場合にオン)を設定します。[Smooth Scrolling]は慣性スクロールの使用・不使用を設定します。

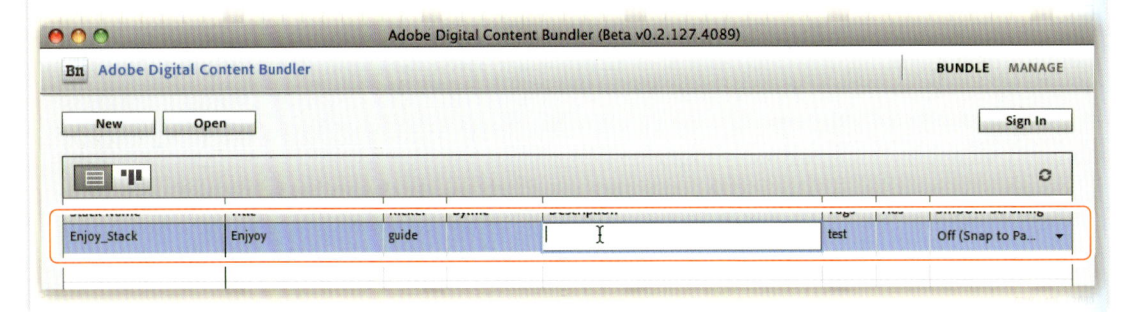

3　Issue の情報入力

次に［MAGAZINE TITLE］、［ISSUE TITLE］、［ISSUE NUMBER］、［ISSUE DESCRIPTION］の各項目を入力して［Export Issue］をクリックします。

［MAGAZINE TITLE］は電子書籍のタイトル、［ISSUE TITLE］はセクションタイトル、［ISSUE NUMBER］は電子書籍の号数、［PUBLICATION DATE］は発行日、［ISSUE DESCRIPTION］Issueファイルの説明を入力します。

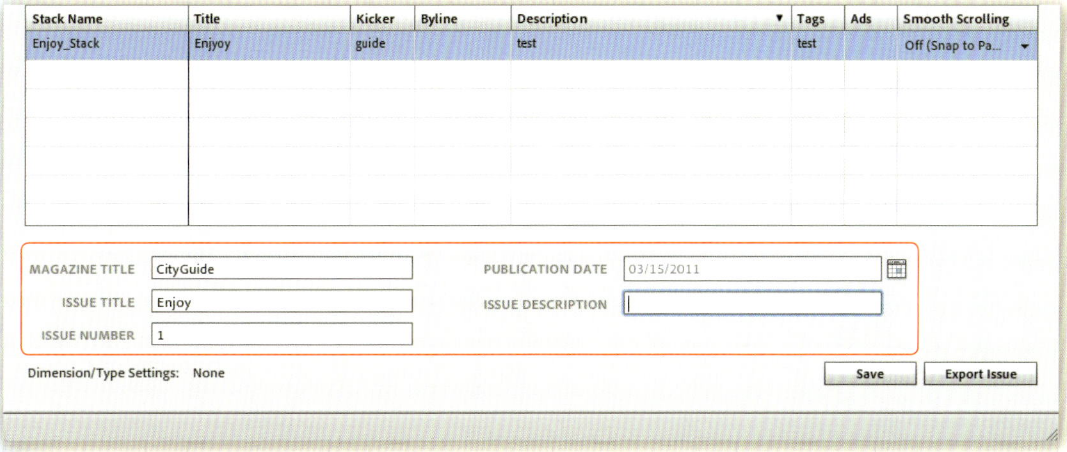

4　Issue の書き出し設定

［Export Option］ダイアログが表示されたら、［Dimension］、［Issue］、［Image Format］、必要に応じて［JPEG Quality］の各項目を設定して［OK］をクリックします。

［Dimension］は表示サイズ、［Issue］は複数のStackを単一ファイルとして書き出す場合は「Single file」、ADPSサーバにアップする場合および単一ファイルと各Stackのファイルで書き出す場合は「Multiple files」を選択、［Image Format］は画像の形式を選択し、必要に応じて［JPEG Quality］でJPEG画像の品質を設定します。

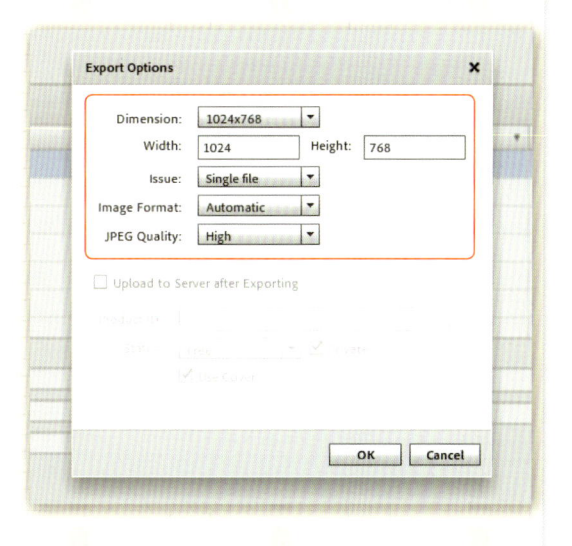

5 Issue の書き出し

［Save to directory］または［Save as］ダイアログが表示されたら任意の保存場所と［名前］を設定して［選択］または［保存］をクリックします。

［Export Option］ダイアログの［Issue］で「Multiple files」を選択した場合は［Save to directory］ダイアログ、「Single file」を選択した場合は［Save as］ダイアログが表示されます。

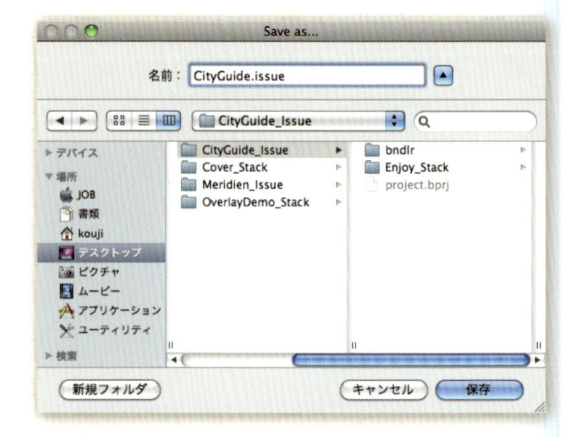

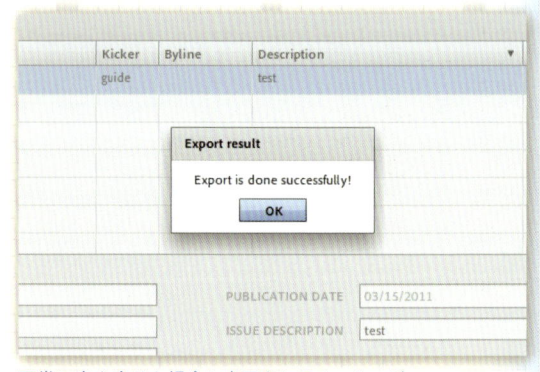

正常に書き出せた場合に表示されるメッセージ

Content Viewerの
入手とインストール

　Issueファイルを閲覧するには、iPadにAdobe Content Viewerをインストールする必要があります。Adobe Content ViewerはApp Storeから無料で入手できます。

　なお、下記のURLでAdobe Content Viewerの情報を確認することができます。

http://itunes.apple.com/jp/app/adobe-content-viewer/id389067418

2　実際に作成する

Issueファイルの転送と表示確認

作成したIssueファイルは、iTunesを使ってAdobe Content Viewerに転送します。

1　iPadの接続

MacまたはPCにiPadを接続してiTunesを起動し、［デバイス］リストの「iPad」を選択します。次に、右のペイン上部にあるメニューで「App」をクリックします。
iPadにインストールされているアプリケーションの一覧が表示されます。

2　Adobe Viewerの選択

画面をスクロールして下部にある［ファイル共有］を表示し、左のリストにある「Adobe Viewer」をクリックします。
Adobe Viewerをクリックすると、右のリストにAdobe Viewerにインストールされているissueファイルなどがリストアップされます。

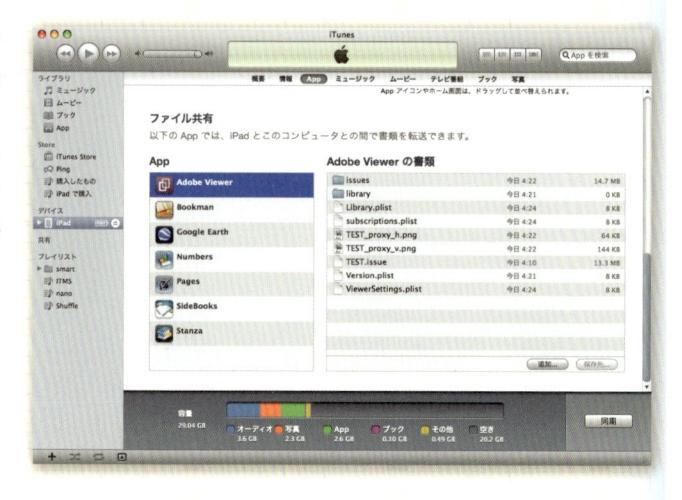

3　Issue の転送

右のリストに転送したい Issue ファイルをドラッグするか、リストの下部にある［追加］をクリックして［ファイルを選択］ダイアログで転送したい Issue ファイルを選択し、必要に応じて［同期］をクリックします。

ここでは、右のリストにファイルをドラッグします。

4　Adobe Viewer の起動

右のリストにファイルがリストアップされたら iTunes から iPad を取り外します。続いて、iPad で「Adobe Viewer」を起動して、ファイルが追加されたことを知らせるメッセージが表示されたら［OK］をタップします。

ファイルを転送する前に Adobe Viewer を起動していた場合は、Adobe Viewer を再起動します。

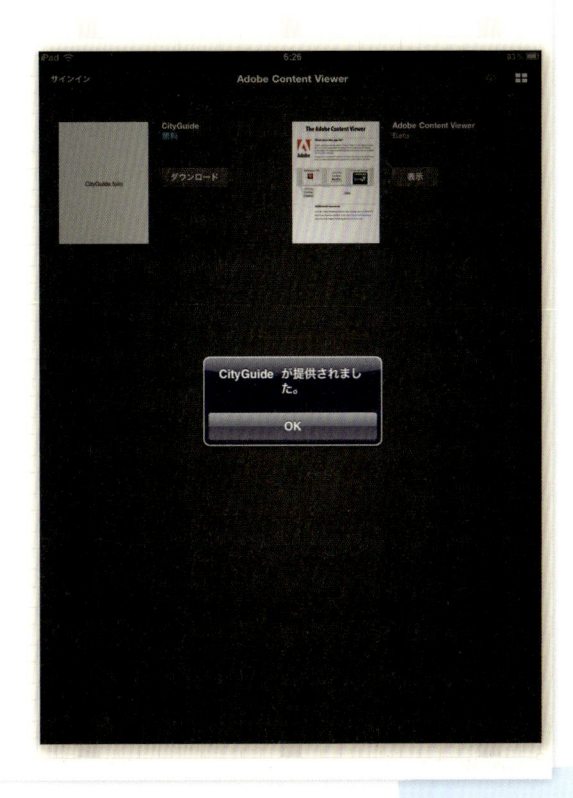

5 Issueの表示確認

追加したファイルの横にある［ダウンロード］をタップし、ボタンの表示が変わったら［表示］またはサムネール画像をタップします。

Adobe Viewerにはブラウザの操作方法を説明した「Adobe Content Viewer」が登録されています。ドキュメントを表示する前に一読しておくとよいでしょう。

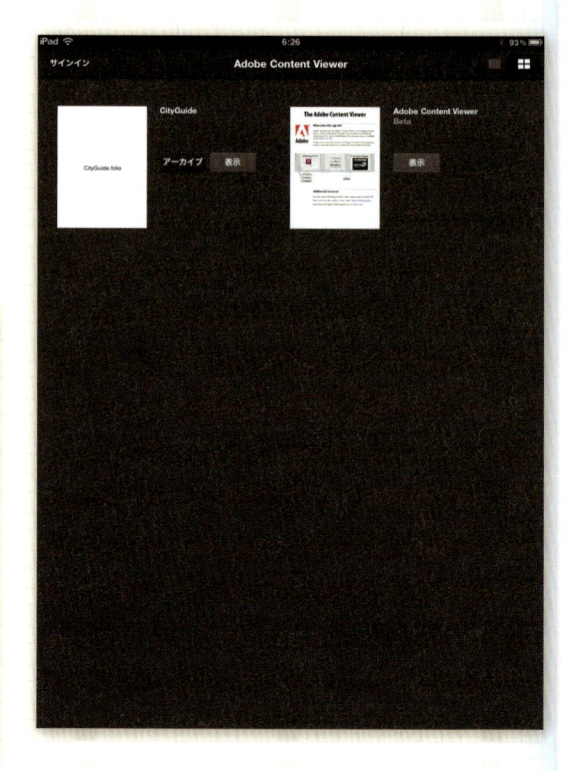

Adobe Content Viewerの説明書

本書ができるまで

Part 5

1　作成方法を検討する

ワークフローの概略

本書のページデータ自体はInDesignで組まれました。本書は「印刷物としての書籍」と「電子書籍（EPUB版とPDF版）」の両方で発行されていますが、このPartでは実際に本書の印刷版とEPUB版がどのようなワークフローで作成され、またその過程で発生した問題をどのように解決したかを紹介します。

レイアウトデータを同時に作成すると非効率

制作する発行物が印刷物なのか電子書籍なのかに関係なく、多くの場合はテキスト原稿を編集してからレイアウトしたり、校正段階で文字修正などが行われるなどの工程を経て完成していきます。そして、それらの工程で追加された修正などは、テキスト原稿にフィードバックされることはほとんどありません。要するに、校正とその修正が終わったレイアウトが最終的なテキスト原稿でもあるということになるのです。

このことからわかるのは、テキスト原稿から印刷用データと電子書籍用データを同時に作成すると、校正戻り時に発生した修正や追記を両方のデータに反映する必要があり、校正作業および修正作業の負荷が大きくなるということです。

そのため、作業負荷や修正ミスを軽減するには、印刷用データまたは電子書籍用データのどちらかを先に作り上げ、それをベースにして電子書籍または印刷用のデータを作る方が安全かつ効率的だということになります。

これらのことを考慮して、本書ではメインである印刷用のデータを先に作成し、そのデータをベースにして電子書籍用のデータを作成しました。

原稿から印刷用データを作成してからEPUB用データを作成するワークフロー

原稿 → 印刷用データ → 校正 → 印刷用データ（修正）→ EPUB用データ

原稿から同時に印刷用と電子書籍用データを作成するワークフロー

原稿 → 印刷用データ → 校正 → 印刷用データ（修正）
原稿 → EPUB用データ → 校正 → EPUB用データ（修正）

原稿の作成

原稿の構造化方法を考える

　本書では、原稿の執筆と本文のレイアウトを筆者が担当しています。そのため、必ずしも一般的な制作環境とはいえません。しかし、EPUBの作成で必要になる「原稿の構造化」と「レイアウト作業の効率化」という点では参考になると考えられます。

　原稿の構造化は、プレーンなテキストでも行うことができます。例えば、同じレベルの見出し先頭に「●」などの記号を入れたり「＜大見出し＞」などのマーキングをして、テキストの扱い方を統一するのはよく使われる方法です。

　このテキストへのマーキングがしっかりと行われていて、いわゆるイレギュラー扱いが無い状態であれば、もう少し手を入れることでテキストの配置するときに自動で書式およびスタイルを適用して作業効率をアップすることができます。

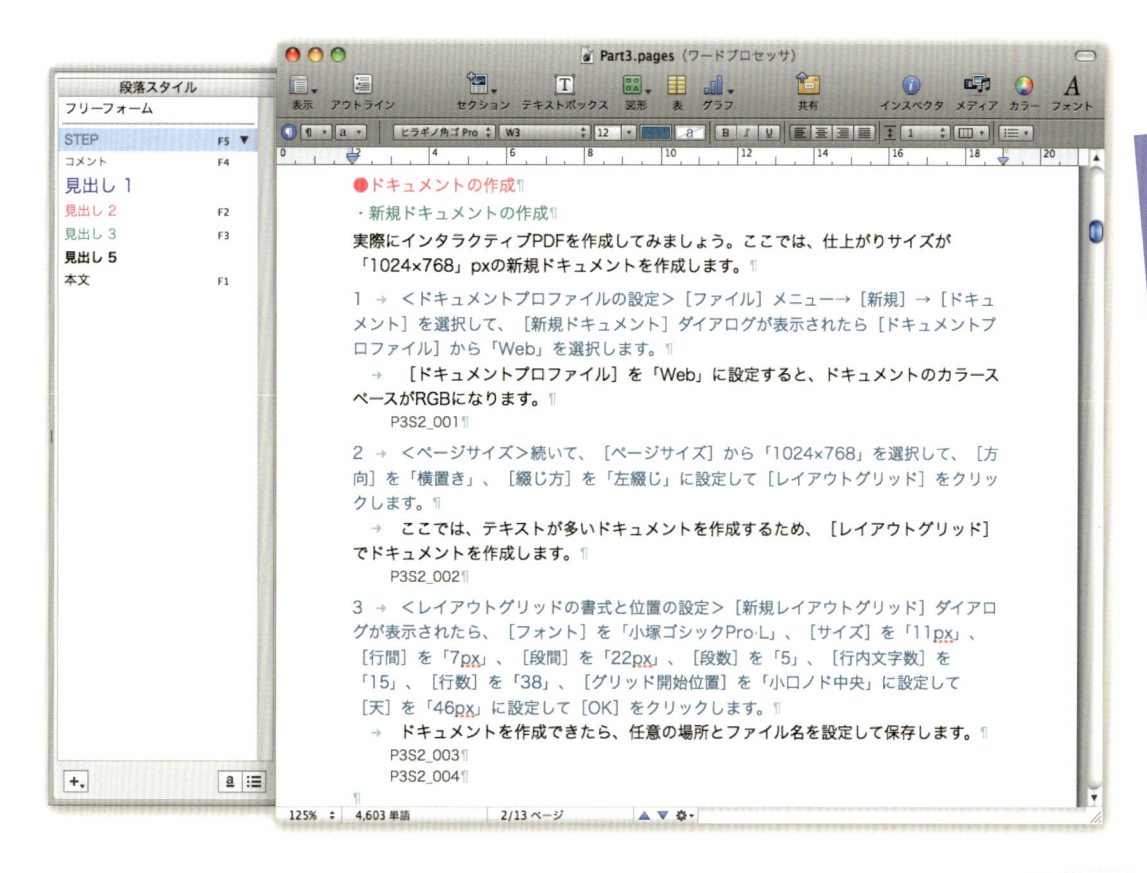

スタイル、書式の適用

テキストを配置するときに自動でスタイルや書式を適用するにはいくつかの方法があります。それらの中でもっとも多く利用されているのは、テキストに入れておいたマーキングをInDesignタグに置換してから配置する方法と、MS Wordなどのワープロソフトが持つスタイル機能をInDesignのスタイルに変換して配置する方法です。

本書では、原稿作成時にApple社のPagesを使用し、スタイルを適用しながら原稿を作成しました。そして、レイアウト時にWordファイルに書き出し、InDesignに配置するときに原稿のスタイルをInDesignのスタイルにマッピングをして配置しています。

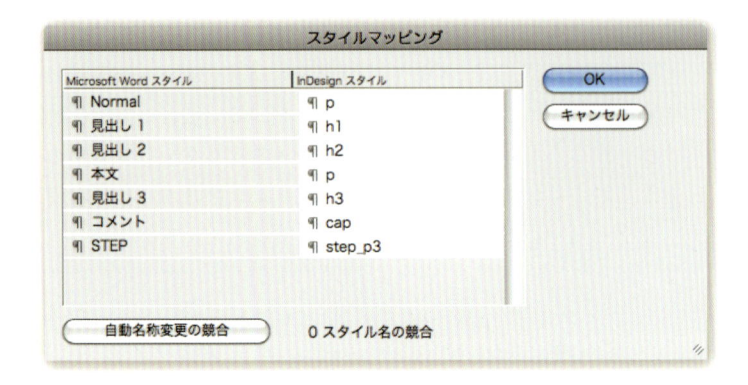

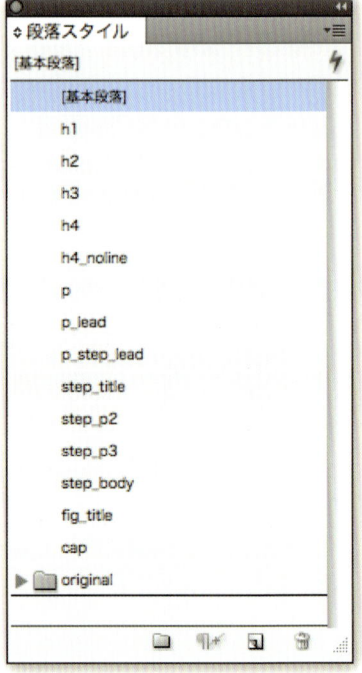

デザインデータの作成

デザイン用の
サンプル原稿の作成

　原稿の執筆と同時進行で誌面のデザインを平行して作成するために、どのような内容にするのか、より具体的な目次案とサンプル原稿の作成が必要になります。

　サンプル原稿は、執筆予定の原稿パターンをできるだけ盛り込んでおかないと、実際にレイアウト作業に入ったときにデザインが不足してしまう可能性があります。そのようなことを避けるには、サンプル原稿を作成するまでにどのようなパターンで執筆するかを明確にして、そのパターンの分のサンプル原稿を作成する必要があります。

　そのための作業が目次案の作成になります。目次案では、どのような内容を盛り込み、どのように解説するかまでを考えて、目次案ができあがったところでサンプル原稿を作成します。

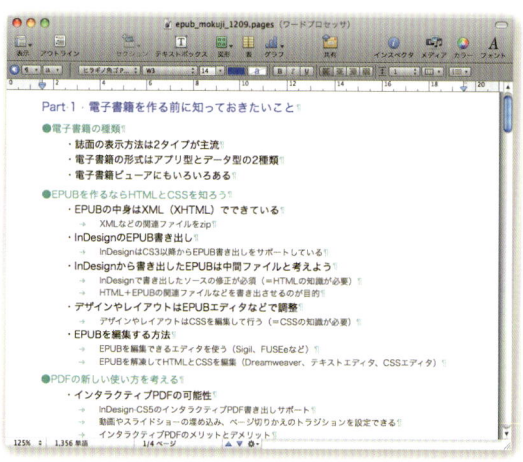

目次案

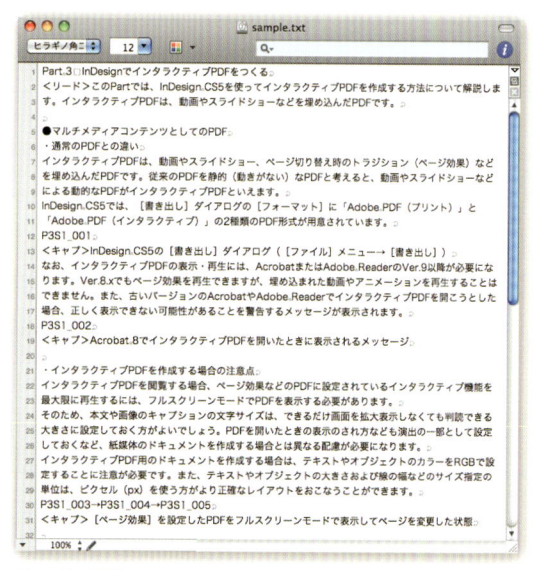

サンプル原稿

1　作成方法を検討する

デザインのフォーマット化と作業方針を考える

　書籍の誌面デザインをする場合の基本ともいえますが、デザインを作成する場合はいくつか注意する点があります。まず、デザインは規則性を持たせてフォーマット化できるデザインにする必要があります。

　フォーマット化できないデザインは作業性が低下するためレイアウト作業に多くの時間を必要とするだけでなく、複数人でレイアウト作業を行う場合はデザインが不統一になってしまう可能性があります。

　そのようなことを避けるには、デザインパーツの位置調整は目視に頼るデザインにはせず、座標位置で調整できるようにする必要があります。また、見出し用のデザインパーツなど、マスターページに作成できないデザインパーツはライブラリ化をしたり、グリッドやガイドを使って用に位置を調整できるようにしておくなどの考慮も必要になります。

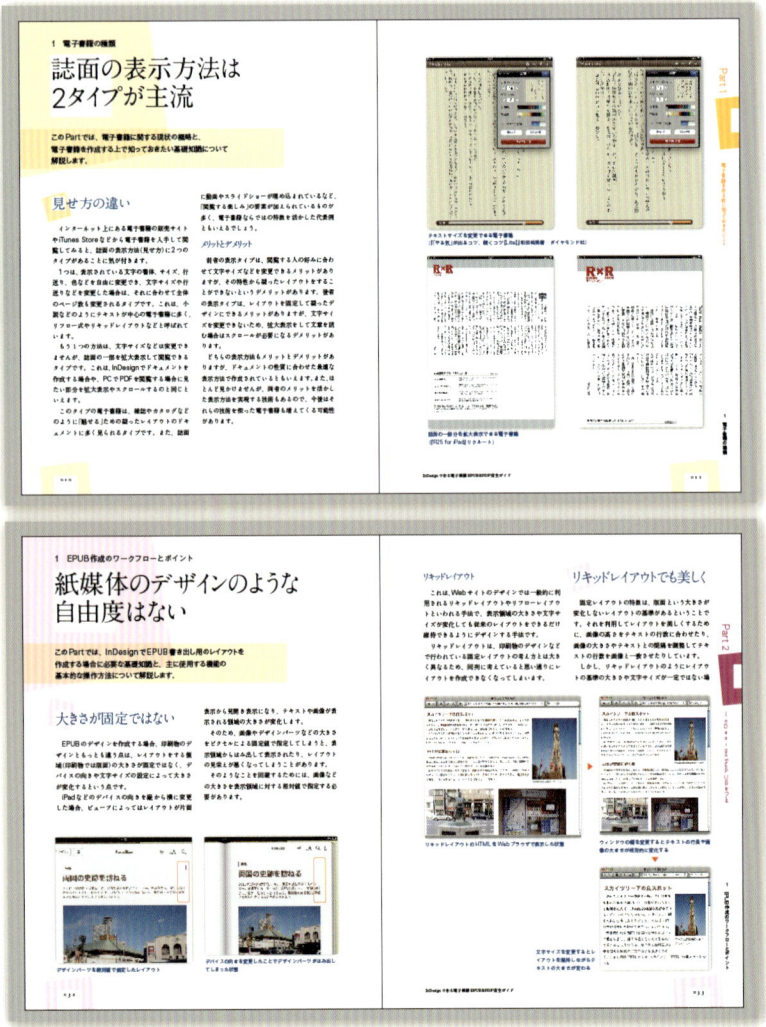

誌面デザイン

146

デザインのフォーマット化

　デザインが決定したら、マスターページ、段落スタイル、文字スタイルなどを使ってデザインをフォーマット化します。フォーマットはどのように作成するかで、その後のレイアウト作業の効率が大きく変わってきます。しかし、デザインとレイアウトの作業者が異なり、どのようにフォーマット化するかまでは打ち合わせできない／しないことが多いのが実情です。

　これは、デザインとレイアウトを作成する作業者のスキル差や作業方法の違いなどがあることや、距離や時間などの物理的な問題から綿密なコミュニケーションをとれない場合は避けることができない問題といえます。また、この段階で何度も修正をして時間をかけるよりは、レイアウトをする作業者が作りやすいようにフォーマットを修正するのが現実的ともいえます。

　とはいえ、デザインの作成者がフォーマットを作成しなくてもよいというわけではなく、最低でもマスターページの作成と各種スタイルの登録まではやっておく必要があるでしょう。

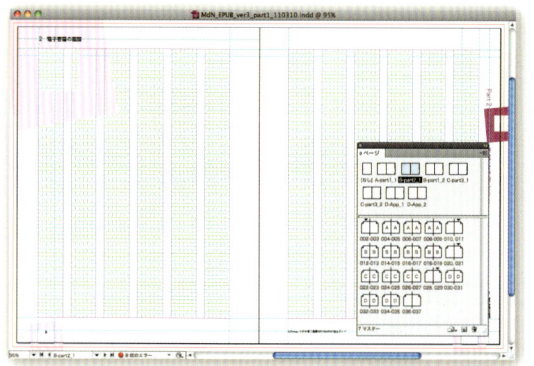

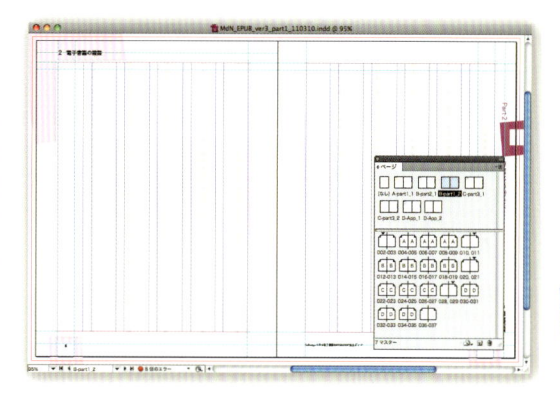

マスターページ

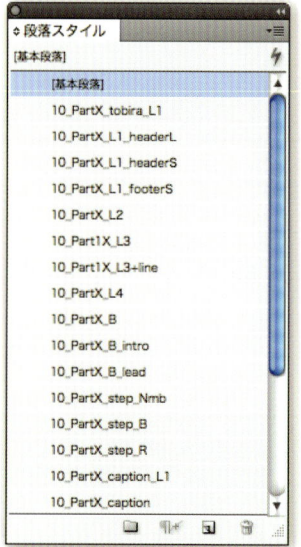

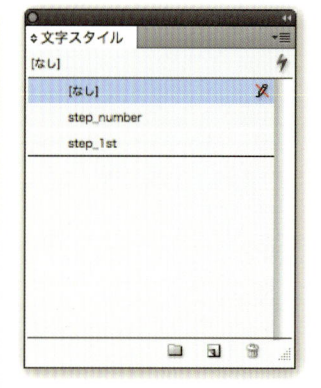

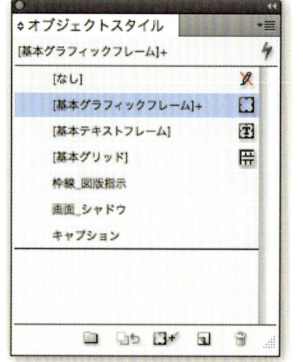

登録された各種スタイル

1 作成方法を検討する

データ作成方法の再検討

フォーマットの検証

　デザイン作成のために送付したサンプル原稿は編集部でチェックをして、必要に応じて編集作業が行われてからデザインが発注されます。その際、サンプル原稿では予定していなかったレベルの見出しが追加されることがあります。そのため、デザインができあがったらサンプル原稿との差異を確認して、必要に応じて原稿の執筆方針を修正する必要があります。

　例えば、サンプル原稿には手順を解説するパートに見出しを入れていませんが、編集部の判断によって見出しが追加されることになりました。このような追加は全体にも影響するので、デザインができあがった時点で必ず確認をして、原稿の執筆時にも見出しを追加していくことが必要になります。

サンプル原稿

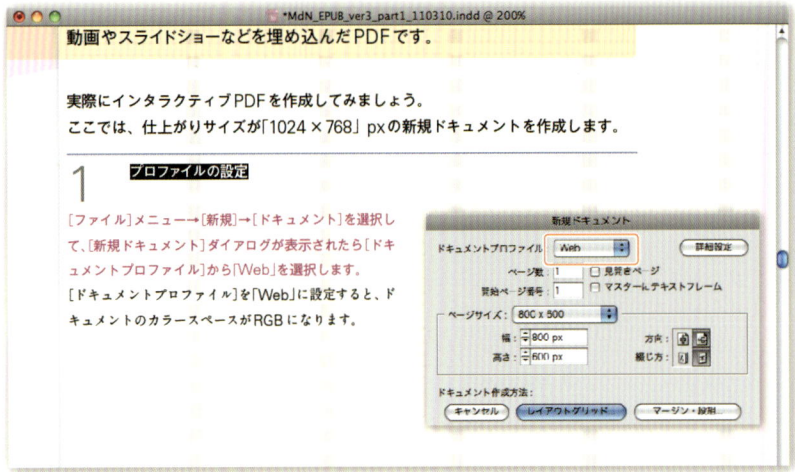

編集部で追加した手順の見出し

148

マスターページの
ブラッシュアップ

　デザインとサンプル原稿の差異を確認して原稿の執筆方針が確定したら、効率よくレイアウト作業を進行できるようにフォーマットの確認と修正を行います。そのときのポイントになるのは、作成されているマスターページの状況とスタイルの登録状況です。

　例えば、デザインに登録されているマスターページは、本文だけのページと操作手順が入るページを各章ごとに作成してあります。

　印刷用のデータを作成するだけであれば、このままでもレイアウトをすることは可能です。しかし、EPUB書き出しのことも考慮すると、節レベルの見出しが他のテキストとは別のテキストフレームに配置してあることが問題となります。

　EPUB書き出しはセクションマーカーに対応していないので、節見出しを独立したフレームに配置してセクションマーカーを使って入力すると、EPUBを書き出したときに節レベルの見出しが抜け落ちてしまいます。

　これを解消するため、節レベルの見出しが存在するページと存在しないページでマスターページを分けて作成し、節レベルの見出しを他のテキストと同じストーリーとして流し込めるように修正します。また、柱文字の入力は、［テキスト変数］を使用することで、自動でテキストを入力して設定ミスを軽減できるようにしています。

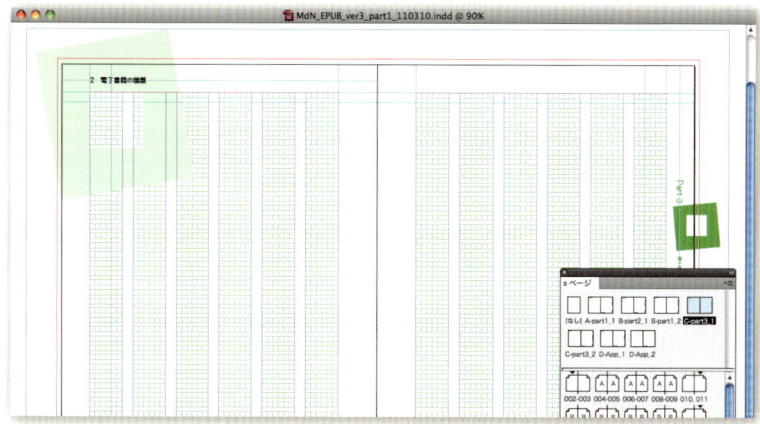

デザインに登録されている本文用のマスターページ

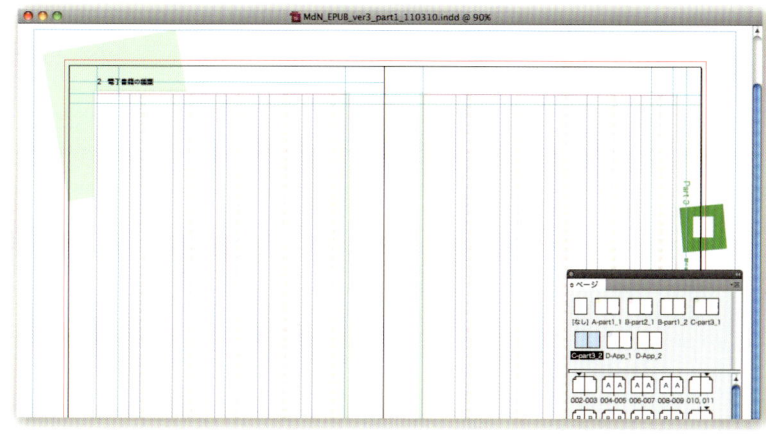

デザインに登録されている操作手順用のマスターページ

1　作成方法を検討する

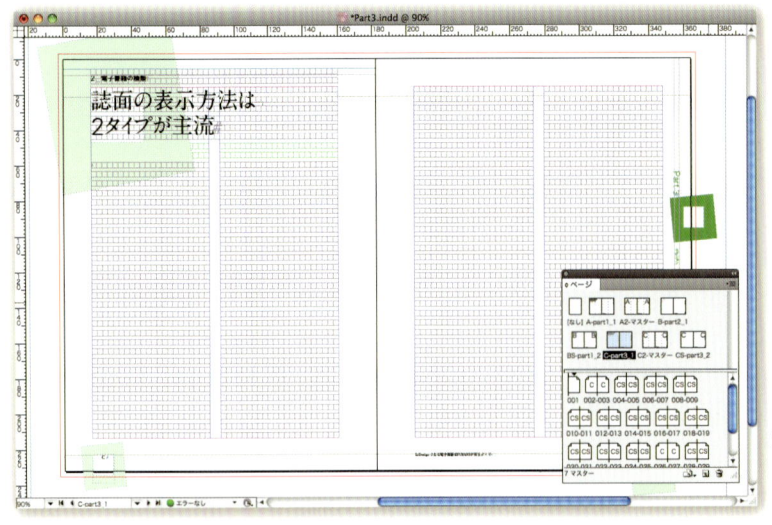

節レベルの見出しを一緒に流し込みできるように修正したマスターページ

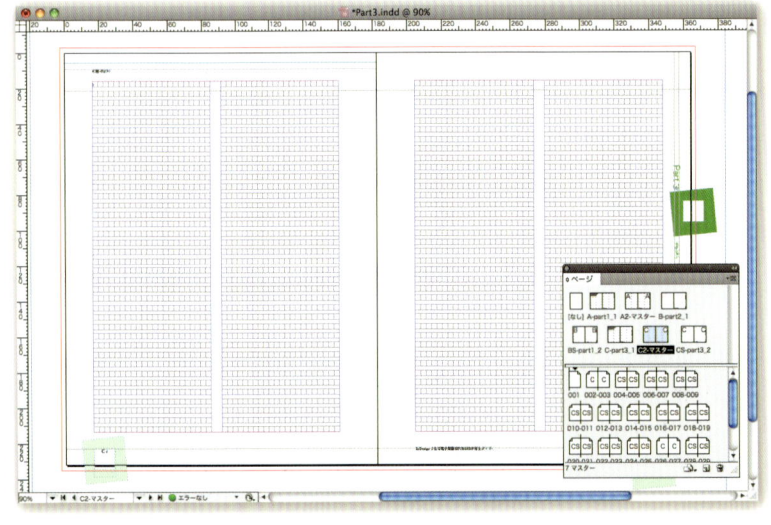

節レベルの見出しが存在しないページ用のマスターページ

柱文字に設定してあるテキスト変数の定義

150

スタイルのブラッシュアップ

段落スタイルや文字スタイルで見直したいのはスタイル名です。EPUP書き出しを考慮した場合、段落スタイルや文字スタイルの名前は半角英数字で設定しておく必要があります。また、InDesign上で設定した段落スタイルの名前はHTMLタグのclass名として書き出されることを考慮して、その後の修正作業がしやすいように、本文用の段落スタイルは「p」章見出しは「h1」などの名前を設定しておくようにします。

レイアウトの作業効率を考えた見直しは、テキストを配置すると同時に段落スタイルが適用されることを考慮した調整になります。例えば、見出しの前後のアキ調整に空行を使っている場合は、［段落前のアキ］および［段落後のアキ］を使った調整方法に修正をします。また、手順番号などのように規則性があるテキストの書式設定は、段落スタイルの［先頭文字スタイル］を設定して自動で文字スタイルが適用されるように編集します。

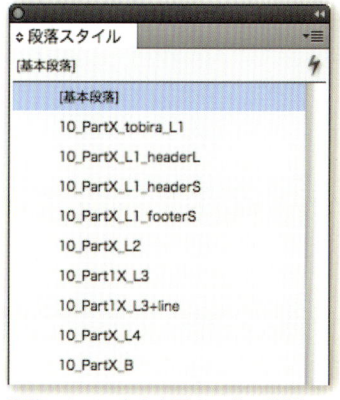

段落スタイル名を変更する前の状態

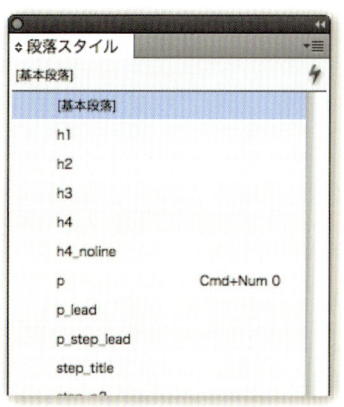

段落スタイル名を変更した状態

順番号に適用されている段落スタイルと文字スタイル

1 作成方法を検討する

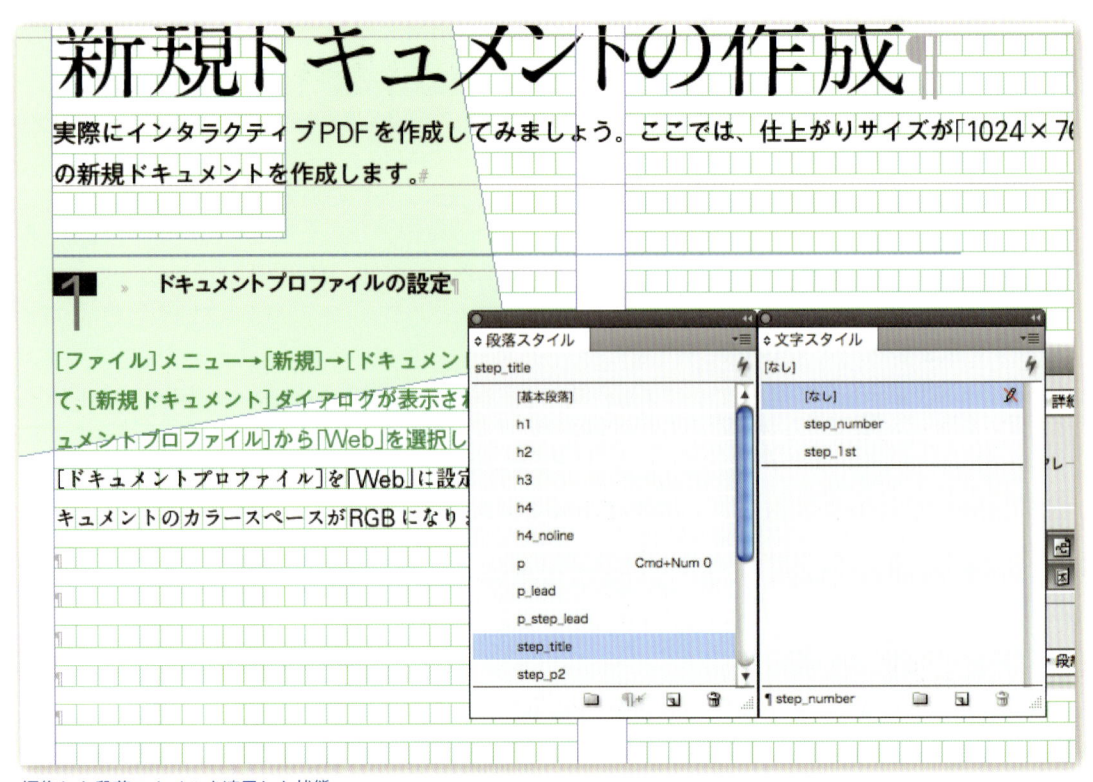

編集した段落スタイルを適用した状態

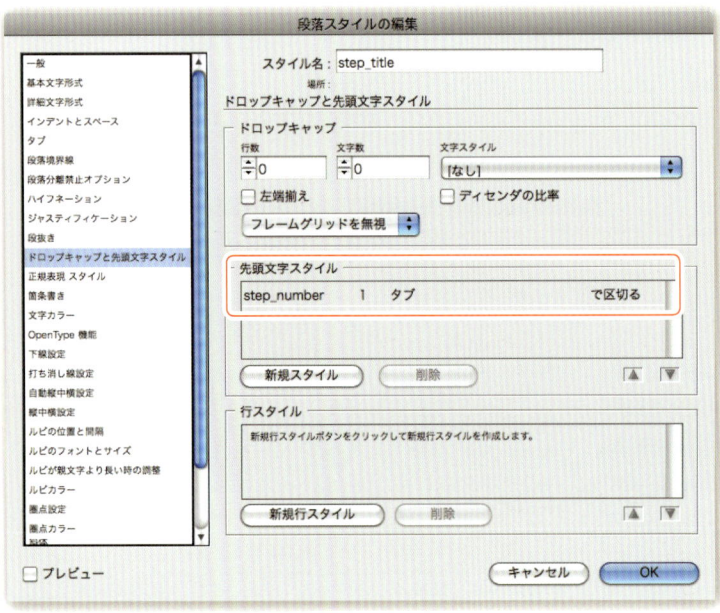

段落スタイルに設定した[段落先頭文字スタイル]に設定

2　実際に作成する

印刷用レイアウトの作成

印刷用データ作成の基本は同じ

　印刷用のレイアウトを作成をする場合、印刷用の長文ドキュメントを作成するのと同じ方法で作成するようにします。

　ドキュメントは章単位などで分割して作成し、見出しや本文などの一連のテキストは、連結されたテキストフレームに配置して作成します。独立したテキストフレームは画像のキャプションなどに限定するということです。

　また、EPUB書き出しではすべての画像をインラインラフィックにする必要がありますが、レイアウトの自由度の確保や無用なトラブルを避けるためには、通常の方法で画像を配置します。

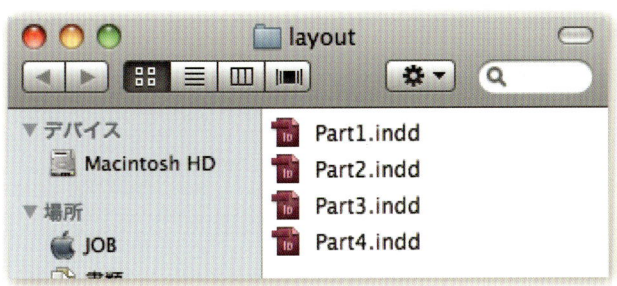

章単位でわけて作成した印刷用データ

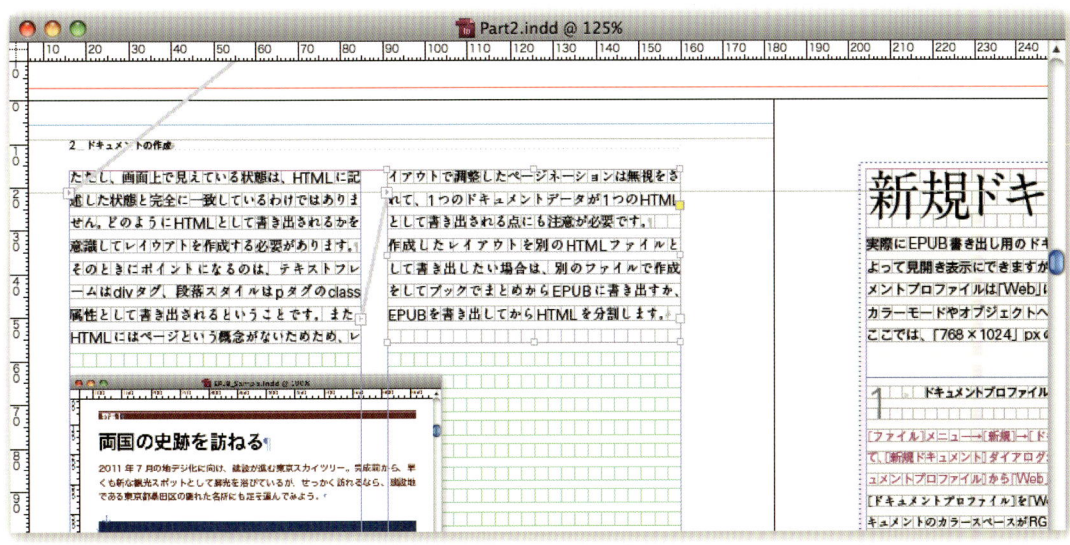

本文の文字サイズが異なるマスターページを使う場合はフレームグリッドの連結を解除して作成してある

複数のマスターページを使う場合の注意

　InDesign CS5を使う場合にいえることですが、マスターページに本文用のテキストフレームを作成してある場合は、［環境設定］ダイアログの［スマートテキストのリフロー処理］の設定に注意が必要になります。

　マスターページにテキストフレームを作成してある場合、ドキュメントページにテキストを配置すると、テキストがすべて配置されるまでテキストフレームやページが自動で追加されます。

　スマートテキストは作成するドキュメントによっては非常に便利な機能です。しかし、複数のマスターページを使ってレイアウトを作成する場合は、最初のページに適用されているのと同じマスターページが適用されてページが追加されます。

　マスターページの作成の仕方によっては、追加されたページに別のマスターを適用するだけでは意図したとおりに処理できないことがあるので、そのような場合はテキストを配置する前に［スマートテキストのリフロー処理］をオフに設定しておきます。

　［スマートテキストのリフロー処理］の設定を変更するには、［InDesign］（Windowsは［編集］）メニュー→［環境設定］→［テキスト］を選択します。

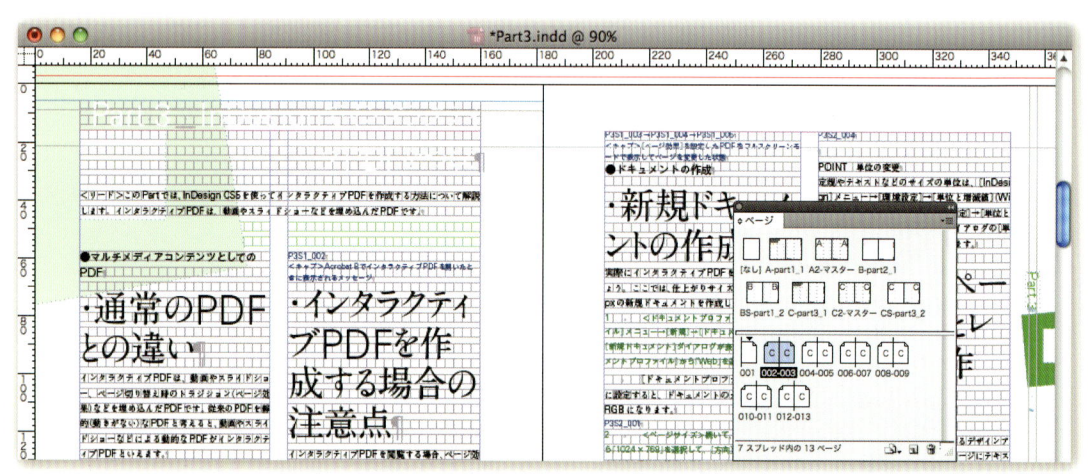

［スマートテキストのリフロー処理］がオンの状態でテキストを配置した状態。同じマスターでページが追加される

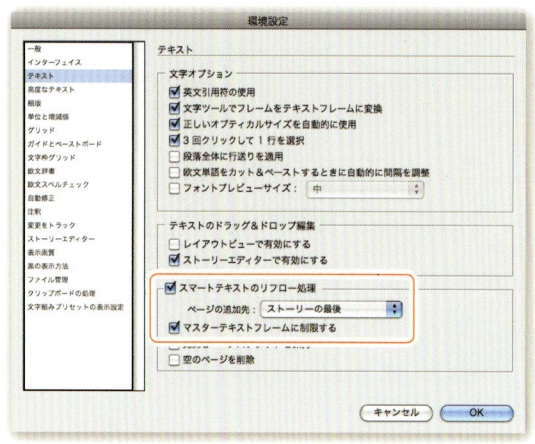

［環境設定］ダイアログの［スマートテキストのリフロー処理］

実際のレイアウトの作成手順

ここでは一例として、Part 2のレイアウト手順を紹介します。

1 新規ドキュメントの作成

フォーマットから新規ドキュメントを作成して、不要なページを削除します。
Part 2用の節見出しが存在する本文用ページを追加しておきます。

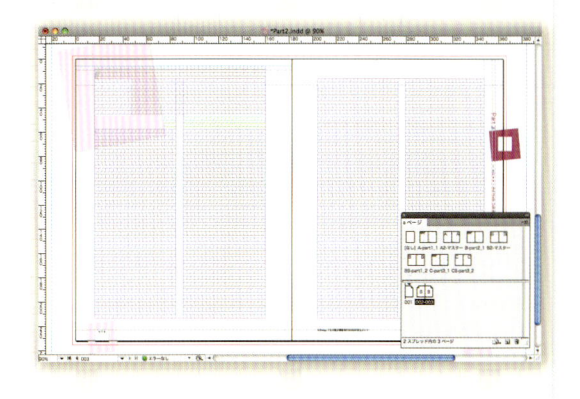

2 docファイルの配置

[ファイル]メニュー→[配置]を選択します。[配置]ダイアログが表示されたら[グリッドフォーマットの適用]をオフ、[読み込みオプションを表示]をチェックし、Part 2のdocファイルを選択して[開く]をクリックします。原稿はApple社のPagesを使って執筆して、レイアウトをする前にdocファイルを書き出しています。

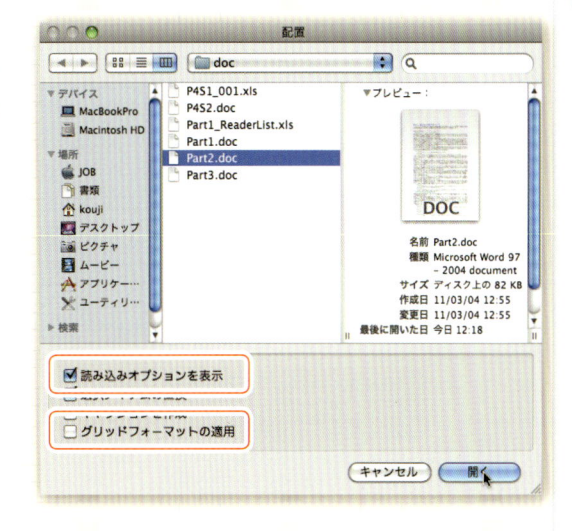

3　読み込みオプションの設定

［Microsoft Word読み込みオプション］ダイアログが表示されたら［スタイル読み込みをカスタマイズ］をオンに設定して［スタイルマッピング］をクリックします。

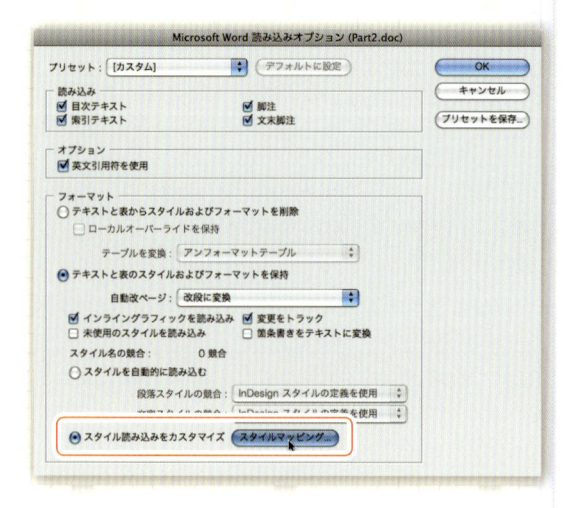

4　スタイルのマッピング

［スタイルマッピング］ダイアログが表示されたら、docファイルに登録されているスタイルをInDesignにマッピングして［OK］をクリックします。
原稿内では使用していないスタイル「Normal」がリストアップされるので、本文用のスタイルにマッピングして不要なスタイルが登録されるのを回避しています。

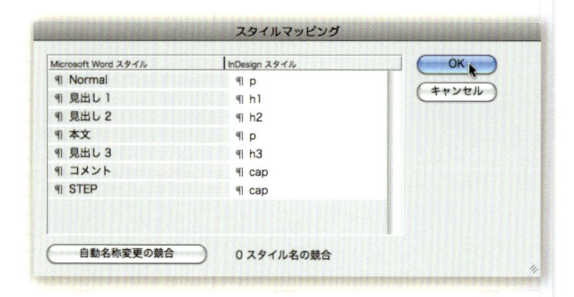

5 テキストの配置

［Microsoft Word読み込みオプション］ダイアログに戻ったら［OK］をクリックし、マウスポインタが配置可能状態になったらフレームグリッドをクリックしてテキストを配置します。

ここでは、スタイルのオーバーライドを削除する目的と、次ページで異なるマスターページを使用するために、テキストは一気に流し込まないで見出し用のフレームグリッドだけに配置します。

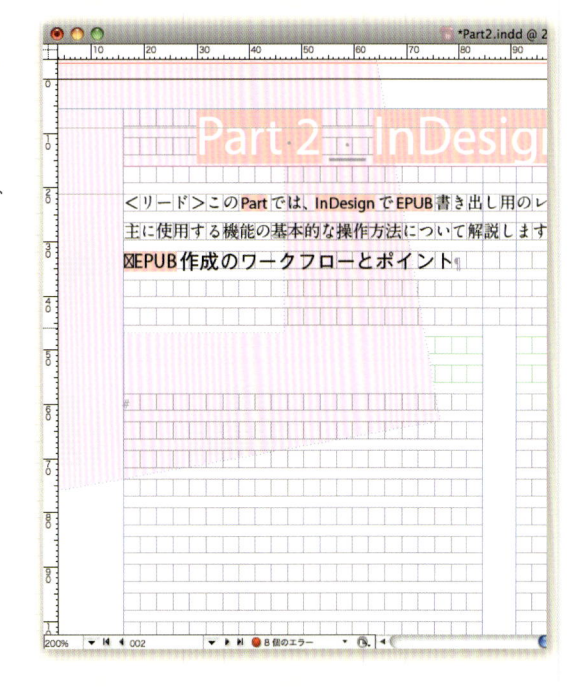

6 スタイルのオーバーライド消去

配置したテキストをすべて選択して［段落スタイル］パネルの下部にある［選択範囲のオーバーライドを消去］をクリックします。

段落スタイルを活かして配置していますが、ローカルオーバーライドを避けるために、テキストの配置後にオーバーライドを消去します。

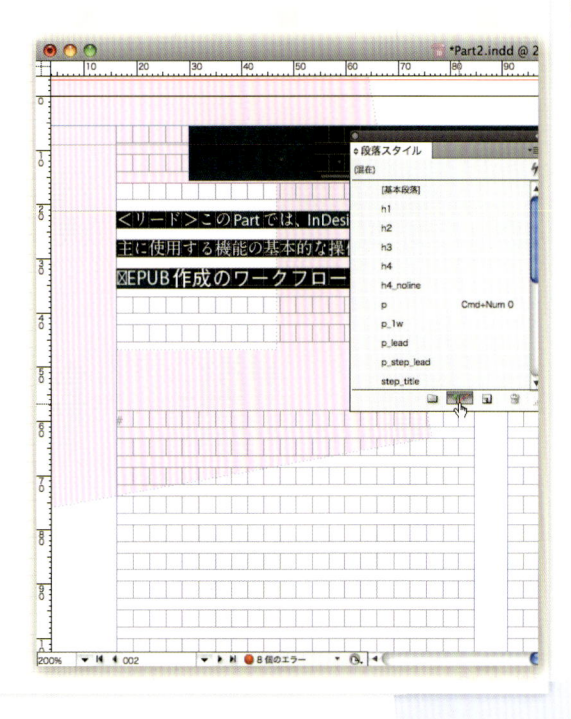

7　不要なテキストの削除

配置したテキストには不要なテキストが含まれているので、［編集］メニュー→［ストーリーエディタで編集］を選択して不要なテキストを削除します。

配置したテキストには章タイトルが含まれていますが、扉デザインに配置済みなので削除します。また、デザインではリードを項見出しの後に入れるようになっているので合わせて移動し、節見出しの前に節番号を入力しています。

テキストを編集する前の状態

テキストを編集した後の状態

8　行長の調整と改フレーム

原稿では設定していなかったスタイルをテキストに適用し、改フレーム（テンキーのenter）、強制改行（shift＋return）などを使って行長および改フレーム位置を調整します。

同様に、改フレームおよび強制改行などを使ってテキストの位置調整を調整します。

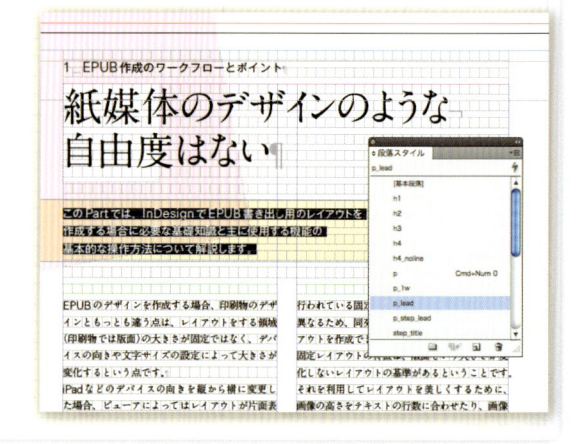

9　図番とキャプションの分離

画像の図版とキャプションをカットし、新規で作成したテキストフレームにペーストします。キャプションをストーリーから分離したらグラフィックフレームを作成してレイアウトを調整します。

同様に、ストーリー内の図番とキャプションを分離してテキストフレームにカット＆ペーストしながら画像をレイアウトしていきます。

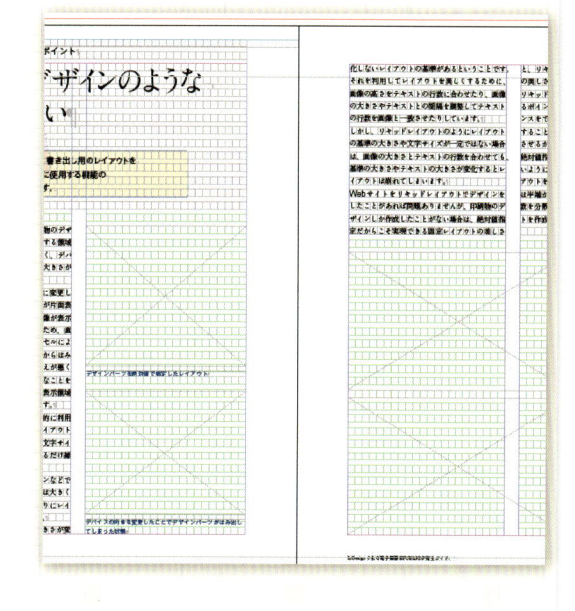

10　画像の配置

グラフィックフレームを作成できたら、Finderに戻って画像をドラッグ＆ドロップして配置します。

画像を配置したら拡大・縮小率とトリミング位置を調整します。

2 実際に作成する

EPUB用レイアウトの作成

EPUB書き出しを考えた作業方針の確認

　本書は、本文ページと操作手順のページで文字サイズおよび行間が異なるマスターページを使用し、テキストはフレームグリッドとグリッド揃えを使って本文の行位置を調整しています。

　InDesignは、書式が異なるフレームグリッドを連結すると、連結先のグリッドフォーマット（フレームグリッドの書式）が連結元と同じフォーマットに変更されて連結されます。そのため、本文ページと操作手順ページのフレームグリッドは連結せず、別のストーリーにしてレイアウトを作成しています。また、手順ページの先頭にある項見出しとリード文のブロックも連結されていない独立した状態でレイアウトされています。

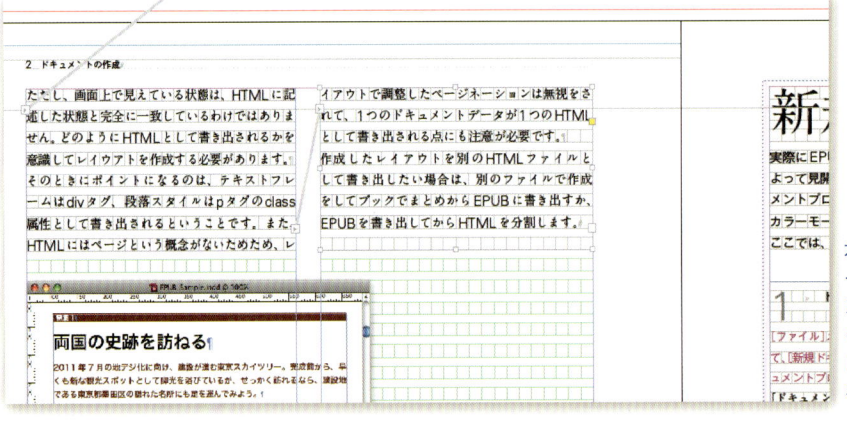

本文ページと手順解説ページでは本文の文字サイズが異なるのでフレームグリッドを連結しないでレイアウトを作成している

手順ページの項見出しとリードは連結されていない独立したフレームグリッドになっている

divタグでの囲み方

この状態でEPUBを書き出した場合、テキストフレームはdivタグとして書き出されます。また、テキストフレームが連結されている場合は、その中に配置されてるテキストがdivタグで囲まれて書き出されます。

この状態をEPUBに書き出して確認してみると、見た目では特に問題はないといえます。しかし、文書の構造で考えた場合は、一連のテキストが分断されてdivで囲まれていることになります。

この状態をOKとするかどうかは編集方針によりますが、文書構造も考慮するのであれば、一連のテキストをdivタグで囲むように修正をするのがベストといえます。

EPUB書き出し用のレイアウトを作成する場合は、画像のインライングラフィックス化だけでなく、これらのことも考慮して修正するようにします。

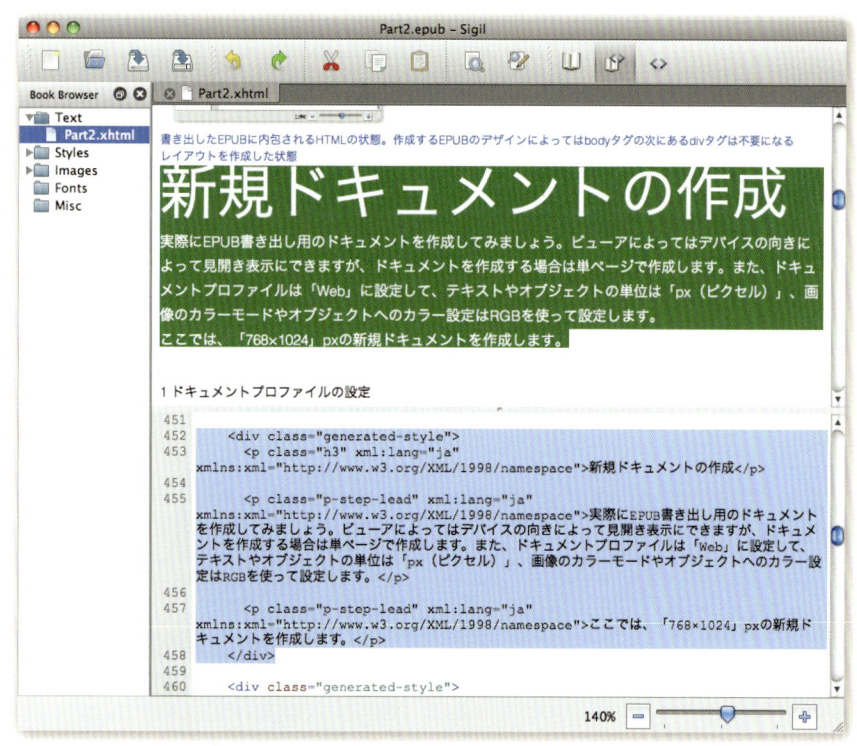

レイアウトをEPUBに書き出した状態。独立したフレームだった部分はdivタグで囲まれている

EPUBの修正手順

書き出したEPUB内のXHTMLをSigilやテキストエディタを使って修正する場合、修正する順番によってその後の作業性が変わってきます。

クリーンアップ

まず最初にやるべき修正は不要なタグや属性の削除といえるでしょう。不要なタグや属性を削除することでHTMLソースを見やすくできるので、修正ミスを防ぐためにも最初にHTMLソースのクリーンアップから始めます。

文書構造の調整

その次に行うのは、divタグの追加や削除による文書構造の調整で、前項で解説したように一連のテキストをdivんだり、不要なdivを削除して文書の構造を適正な状態に修正します。なお、EPUBを書き出す前にInDesign上でレイアウトを調整してある場合は、この手順はほとんど不要にすることができます。InDesign上とHTMLのどちらで修正するかは、出現頻度の多さやページ数の多さで決めるとよいでしょう。

HTMLとCSSの編集

HTMLと文書構造をクリーンな状態に修正できたら、以降はデザイン的な修正がメインになります。例えば、必ずページを変更したい位置でのHTMLの分割や、書式やレイアウトと調整するCSSの編集などが該当します。

```
HTMLのクリーンアップ（不要なタグや属性などの削除）
            ▼
文書構造の調整（divタグの追加や削除）
            ▼
HTMLの分割（扉ページなどの必ずページを変更したい位置で分割）
            ▼
CSSの編集（見出しや本文の書式設定とレイアウトの設定）
```

実際のデータ編集手順

ここでは、作成した印刷用データを編集した手順を紹介します。

1　印刷用データの複製

作成した印刷用データをコピーしてファイル名を変更します。

ここでは、Part2のデータをコピーして編集した例にして解説します。

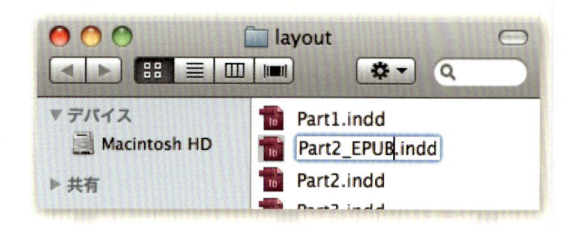

2　背景画像の削除

ファイルを開き、誌面バックに背景画像を入れている場合は削除します。

ここでは、扉ページと手順解説ページの背景画像を削除します。

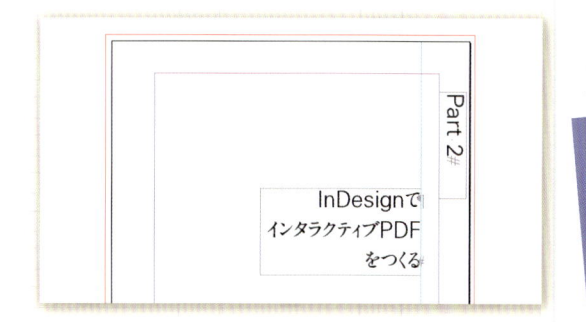

3　画像のインライングラフィック化

レイアウトに配置されている画像を本文中にインライングラフィックスとしてペーストします。その際、画像とキャプションの組み合わせや複数の画像をインライングラフィックスにしたい場合は、新規でテキストフレームを作成してインライングラフィックスにし、そのテキストフレームを本文中にカット＆ペーストします。

テキストフレームでアンカー付きオブジェクトを作成して、その中に画像をインライングラフィックでペーストしてもかまいません。

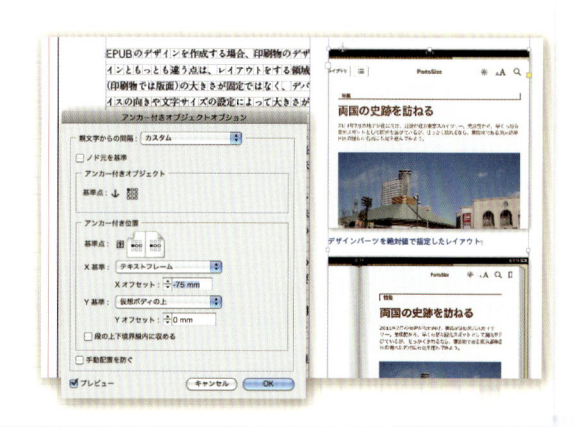

4 文書構造のためのテキスト位置の調整

独立したテキストフレーム内のテキストを本文のテキストフレーム内にコピーするか、本文のテキストフレームと連結します。

ここでは、本文のテキストフレーム内にコピーしてレイアウトを調整します。

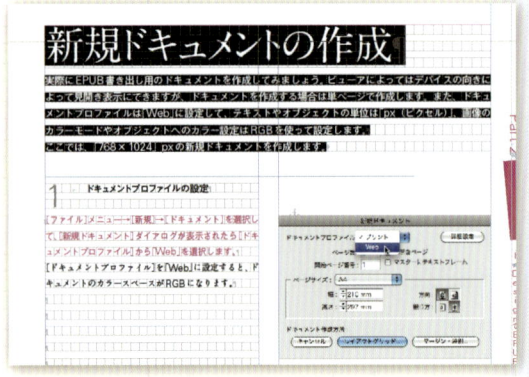

テキスト位置を調整する前の状態

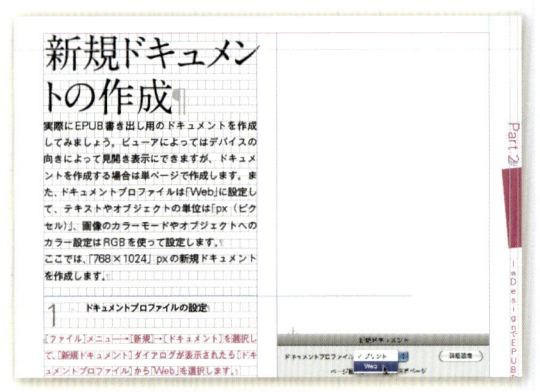

テキストの位置を調整した後の状態

5 目次用ページの追加

［ページ］パネルメニュー→［ページを挿入］を選択して、［ページを挿入］ダイアログが表示されたら［ページ］を「1」、［挿入］を「ドキュメントの先頭」に設定して［OK］をクリックします。

ここでは［マスター］を「なし」に設定していますが、EPUBの書き出しに影響しないマスターであればどのマスターを設定してもかまいません。

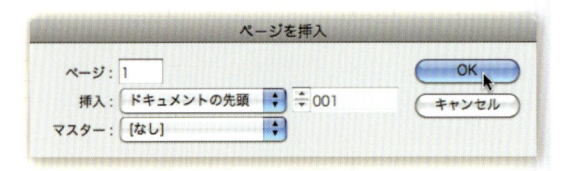

6 目次の書き出し

［レイアウト］メニュー→［目次］を選択します。［目次］ダイアログが表示されたら、目次に書き出したいテキストに適用されているスタイルを登録し、登録した各スタイルの［ページ番号］を「ページ番号なし」、［レベル］を任意のレベルに設定します。また、必要に応じて［項目スタイル］も設定します。

［レベル］を設定する場合、設定した値が見出し用タグのレベル（h1など）になることに注意します。なお、［ページ番号］および［レベル］が表示されていない場合は［詳細設定］をクリックして表示を変更します。

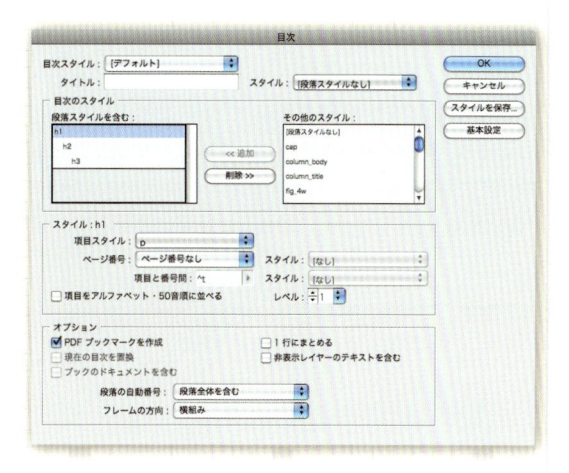

7 目次テキストの配置

目次テキストが抽出されてマウスポインタが配置可能な状態になったら、追加したページをクリックしてテキストを配置します。

必要に応じて強制改行などを削除します。

6 EPUBの書き出し先設定

［ファイル］メニュー→［書き出し先］→［EPUB］を選択します。［別名で保存］ダイアログが表示されたら、任意のファイル名と保存先を設定して［保存］をクリックします。ここでは、［名前］を「Part2_EPUB.epub」保存先をEPUB用に作成したフォルダに設定します。

7 書き出しオプションの設定

［Digital Editions 書き出しオプション］ダイアログが表示されたら、［一般］、［画像］、［目次］の各項目でオプションを設定して［書き出し］をクリックします。

ここでは、［画像］の［フォーマット］をオンに設定して［画質］を「高」、［目次］の［ローカルオーバーライドを保持］と［埋め込みフォントを含む］をオフに設定します。

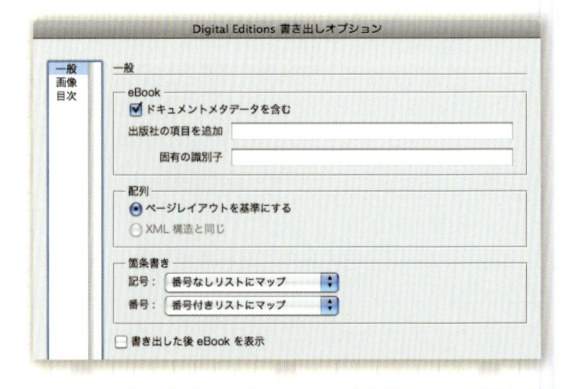

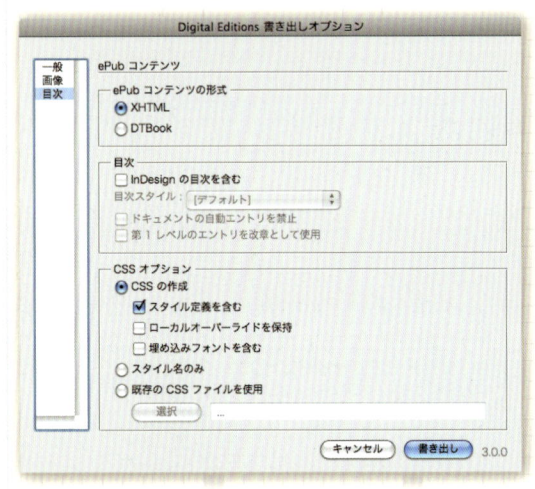

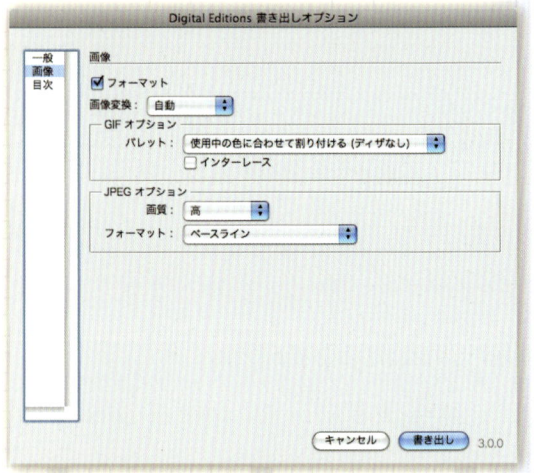

8 EPUB の修正

EPUBを書き出せたらSigilやテキストエディタなどを使って内包されているHTMLや関連ファイルの修正をします。

Appendix

親譲りの無鉄砲で小供の時から損ばかりしている。小学校に居る時分学校の二階から飛び降りて一週間ほど腰を抜かした事がある。なぜそんな無闇をしたと聞く人があるかも知れぬ。別段深い理由でもない。新築の二階から首を出していたら、同級生の一人が冗談に、いくら威張っても、そこから飛び降りる事は出来まい。弱虫やーい。と囃したからである。小

Appendix

InDesignが持つ機能とHTMLタグの対応

ここでは、EPUB作成に役立つ情報について紹介します。

文字書式

機能	再現性	注意およびHTMLタグ
段落スタイル	○	`<p class="段落スタイル名">`
文字スタイル	○	`<span class="文字スタイル名">テキスト</span>`

文字サイズ	△	［Digital Editions書き出しオプション］ダイアログの［目次］で［ローカルオーバーライドを保持］がオフの場合は無視される
		・HTML
		`<span class="no-style-override">`
		　テキスト
		`</span>`
		・CSS
		span.no-style-override {
		　font-size: 文字サイズ
		}

行送り	×	
自動行送り	×	
自動行送り＋グリッド揃え	×	
文字揃え	×	
字取り	×	
ベースラインシフト	×	
文字回転	×	

機能	再現性	注意およびHTMLタグ
歪み	×	
文字前／後のアキ	×	
割注	×	
ルビ	×	
圏点	×	
斜体	×	
打ち消し線	×	
下線	×	
上付き文字	×	
下付き文字	×	
オールキャップス	×	
スモールキャップス	×	
OpenType機能の任意の合字	×	

段落書式

機能	再現性	注意およびHTMLタグ
行揃え：左揃え	×	
行揃え：中央揃え	×	
行揃え：右揃え	×	
行揃え：均等配置（最終行左／上揃え）	×	
行揃え：均等配置（最終行中央揃え）	×	
行揃え：均等配置（最終行右／下揃え）	×	
行揃え：両端揃え	×	
行揃え：ノド元に向かって整列	×	
行揃え：ノド元から整列	×	
インデント	×	
1行目左／上インデント	×	
最終行の右インデント	×	
行取り	×	
行取り＋段落行取り	×	
段落前／後のアキ	×	
ドロップキャップス	×	

段抜き	×	
段分割	×	
先頭文字スタイル	×	
正規表現スタイル	×	
段落境界線	×	
箇条書き	×	

その他

機能	再現性	注意およびHTMLタグ
マスターアイテム	△	オーバーライドが必要
合成フォント	×	
アウトライン化されたテキスト	×	
パス上文字	×	

脚注	△	`<p>`本文テキスト `<a class="footnote-link" href="#footnote-267-1" id="footnote-267-1-backlink">[1]</a></p>`
		`<div class="footnotes">`
		　`<div class="footnote">`
		　　`<p [<a class="footnote-anchor" href="#footnote-267-1-backlink" id="footnote-267-1">1</a>]` 注釈テキスト`</p>`
		　`</div>`
		`</div>`

相互参照	×	リンク先のページ数が変動しない
ハイパーリンク	△	ハイパーリンク先の設定が必要
テキスト変数	○	
特殊文字(現在のページ番号)	×	
特殊文字(セクションマーカー)	×	
オーバーセットテキスト	○	すべてのテキストが書き出される

表		○	`<table id="table-1">`
			　`<tbody>`
			　`<tr>`
			　　`<td>`
			　　　`<p>111</span></p>`
			　　`</td>`
			　　`<td>`
			　　　`<p>222</p>`
			　　`</td>`
			　`</tr>`
			　`<tr>`
			　　`<td>`
			　　　`<p>aaa</p>`
			　　`</td>`
			　　`<td>`
			　　　`<p>bbb</p>`
			　　`</td>`
			　`</tr>`
			　`</tbody>`
			`</table>`
			※上記の例は不要なタグを削除してあります

異体字		△	文字によっては表示されない可能性がある

アンカー付きオブジェクト
（フレーム外）
		△	divタグで囲まれてテキストが書き出される
			`<div class="generated-style">`
			　`<p>`アンカー付きオブジェク`</p>`
			`</div>`
			`<p>`本文のテキスト`</p>`
			※上記の例は不要なタグを削除してあります

インライングラフィック
（テキストフレームを埋め込み）
		△	divタグで囲まれてテキストが書き出される
			`<p>`本文のテキスト`</p>`
			`<div class="generated-style">`
			　`<p>`インラインテキスト`</p>`
			`</div>`
			※上記の例は不要なタグを削除してあります

非表示レイヤー		○	非表示のオブジェクトは書き出されない

ブック	○	ブックに登録したドキュメント単位でXHTMLが書き出される
テキストの塗り	△	［Digital Editions書き出しオプション］ダイアログの［目次］で［ローカルオーバーライドを保持］がオフの場合は無視される
テキストの線	×	
先頭ベースライン位置	×	
テキストフレームの段組	×	
テキストフレーム内のマージン	×	
テキストフレーム内の配置位置	×	
オブジェクトスタイル	△	divのclass名として書き出される <div class="object-style">
透明効果	△	テキストへの透明効果は無視される 画像への透明効果は［Digital Editions書き出しオプション］ダイアログの［画像］で［フォーマット］のチェックが必要
角オプション	×	
フレームへの線の設定	×	
オープンパス	×	
クローズドパス	×	

EPUBに関する情報源

Validate EPUB documents
　EPUBを作成できたら、データに問題がないかチェックしましょう。データのチェックは以下のサイトで行うことができます。
http://threepress.org/document/epub-validate

International Digital Publishing Forum
　米国の電子書籍標準化団体IDPFのサイトです。EPUBの仕様（英文）が公開されています。
http://idpf.org/

OPF 2.0 v1.0日本語訳
　IDPFにあるEPUBの仕様ページ（Open Packaging Format (OPF) 2.0 v1.0）を翻訳したユーザーページ（ろす氏の翻訳）です。
http://lost_and_found.lv9.org/opf/opf_2.0_final_spec_ja.html

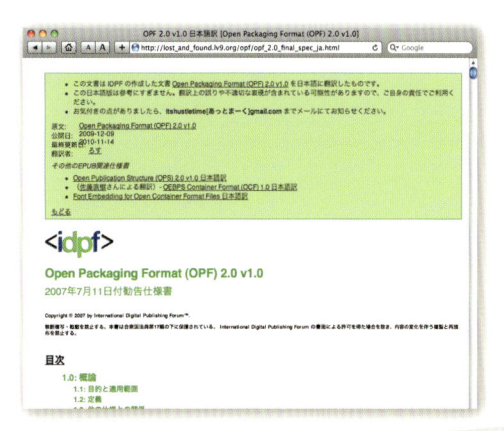

Index

記号

.book	013
.epub	015

A、B

Adobe Content Viewer	028, 123, 137
Adobe Digital Content Bundler	028, 123, 134
Adobe Digital Editions	014
Adobe Digital Publishing Suite	027, 116
Adobe Interactive Overlay Creator	028, 122, 124
Adobe Viewer	139
body	044

C、D

cd	023
class属性	042
CleanArchiver	024
Digital Editions 書き出しオプション	018, 055, 074
Digital Publishing Gallery	027
div	161

E、F

EPUB	015
EPUB 2.0	015
EPUB 3.0	016
EPUBReader	014
EPUBでサポートする画像形式	055
EPUBでサポートするタグ	036
EPUBとして圧縮	082
FUSEe	022

H、I

head	044
iBooksの表示領域	058
International Digital Publishing Forum	173
iPadの解像度	057, 111
iPhoneの解像度	111
li	062

M、O、P

Microsoft Word 読み込みオプション	051, 156
mimetype	023
OPF 2.0 v1.0 日本語版	173
PDF/X-1a:2011（日本）	109
PDFのバージョン	109

S、T

Sigil	022, 076
SkinOverAll	068
Stanza Desktop	014
SWF	104
table	039

V、X

Validate EPUB documents	173
XMDF	013

あ行

アニメーションパネル	090
アンカー付きオブジェクト	063

色分解設定	114
印刷用データ	153
インライングラフィック	019, 060, 163
オーバーライド	052, 157
オブジェクトステートパネル	094

か行

画像解像度	057, 111
現在のページ番号	088
構造化	143
固定レイアウト	033

さ行

最小ファイルサイズ	112
新規レイアウトグリッド	087
スタイルマッピング	051
スライドショー	094
絶対値指定	034

た行

ターミナル	023
単位の変更	087
段落スタイル	048, 151
テキストの配置	050
テキストの回り込み	061
ドキュメントプロファイル	086
特殊文字の挿入	088
トンボ	113

は行

ハイパーリンクパネル	102
ファイル拡張子にリンクを再設定	071
フォルダに再リンク	071
プレビュー設定	093
ページ効果パネル	100
ページサイズ	086
ボタンパネル	094

ま行

マスターページ	088, 149, 154
見出し	041
メディアパネル	068, 098
目次	072
文字スタイル	151

ら行

リキッドレイアウト	010, 033
リフロー式	010
リンクパネル	071
ロールオーバー	096

著者プロフィール

大橋幸二

1968年生まれ。都内を中心に活動しているフリーランスのデザイナー。DTPに関する執筆やセミナーなども手がける。フリーランスの利点を活かして面白そうなことや興味があることは積極的にチャレンジしている。
「DTPの壺」改め「DTPの壺ろぐ」を主催。著書に『InDesignレッスンブック CS5/CS4/CS3対応』(ソシム)、『Adobe InDesign 文字組み徹底攻略ガイド【第3版】』(ワークスコーポレーション)、『InDesignクイック・リファレンス』(毎日コミュニケーションズ)などがある。

制作スタッフ

ブックデザイン	坂野公一(welle design)
DTP制作	大橋幸二
副編集長	後藤憲司
編集	塩見治雄

InDesignで作る電子書籍 EPUB&PDF 完全ガイド

2011年5月1日初版第1刷発行

著者	大橋幸二
発行人	藤岡 功
発行	株式会社エムディエヌコーポレーション 〒102-0075 東京都千代田区三番町20 http://www.MdN.co.jp/
発売	株式会社インプレスコミュニケーションズ 〒102-0075 東京都千代田区三番町20 電話 03-5275-2442 ／ FAX 03-5275-2444 (出版営業)
印刷・製本	日経印刷株式会社

©2011 Kouji Ohashi All rights reserved.
Printed in Japan

定価はカバーに表示してあります。
本書は著作権法上の保護を受けています。著作権者、株式会社エムディエヌコーポレーションとの書面による同意なしに、本書の一部或いは全部を無断で複写・複製、転記・転載することは禁止されています。

造本には万全を期しておりますが、万一、落丁・乱丁などがございましたら、送料小社負担にてお取り替え致します。お手数ですが、カスタマーセンターまでご返送ください。

落丁・乱丁などのご返送先
株式会社エムディエヌコーポレーション カスタマーセンター
〒102-0075 東京都千代田区三番町20　電話 03-4334-2915

内容についてのお問い合わせ先
株式会社エムディエヌコーポレーション カスタマーセンター
メール窓口　**info@MdN.co.jp**

件名に「InDesignで作る電子書籍 EPUB&PDF 完全ガイド」と明記し、本文にはマシン環境(OS、アプリケーションのバージョンなど)をお書き添えください。Eメールでの受付のみになります。電話やFAX、郵便でのご質問にはお答えできません。ご質問の内容によりましては、しばらくお時間をいただく場合がございます。また、本書の範囲を超えるご質問にはお答え致しかねますので、あらかじめご了承ください。